Lotte Bormuth

IM WARMEN SCHEIN DER KERZEN

Lotte Bormuth

Im warmen Schein der Kerzen

francke

Über die Autorin:

Lotte Bormuth ist eine der erfolgreichsten christlichen Autorinnen Deutschlands. In über 80 Buchtiteln hat sie mit Lebensbildern und eigenen Erlebnissen vielen Menschen Trost, Freude und Glaubensmut vermittelt. Sie hat fünf Kinder und 15 Enkel und lebt mit ihrem Mann in Marburg.

Bibliografische Information Der Deutschen Bibliothek
Die Deutsche Bibliothek verzeichnet diese Publikation in der
Deutschen Nationalbibliografie;
detaillierte bibliografische Daten sind im Internet
über http://dnb.ddb.de abrufbar.

ISBN 978-3-86827-269-7
Alle Rechte vorbehalten
© 2011 by Verlag der Francke-Buchhandlung GmbH
35037 Marburg an der Lahn
Umschlagbild: Stefan Körber © www.fotolia.de
DavidMSchrader © www.fotolia.de
Umschlaggestaltung: Verlag der Francke-Buchhandlung GmbH
Christian Heinritz
Satz: Verlag der Francke-Buchhandlung GmbH
Druck und Bindung: CPI Moravia Books, Korneuburg

www.francke-buch.de

Inhaltsverzeichnis

Das neue Mäntelchen

Frau Ritter war wirklich eine wunderbare Frau. Auf ihrem Gut hatten wir nach unserem langen Fluchtweg Zuflucht gefunden. Auch die drei Pferde, die uns noch verblieben waren, hatten in ihrem Stall ihren Platz erhalten. Mit ihnen bearbeitete mein Vater das Land des Gutsbesitzers. Wir bewohnten zwei kleine Zimmer. Längst hatte die Gutsfrau gemerkt, wie ärmlich es bei uns zuging. Auf unseren beiden Ackerwagen hatten auf der Flucht meist nur Hafersäcke geladen werden können. Für Kleidung und Geschirr hatte es kaum Raum gegeben. Wir mussten ja mit fünf Personen und unserem Kutscher auch noch darauf Platz finden.

Frau Ritter war es nicht verborgen geblieben, dass wir aus unseren Mänteln längst herausgewachsen waren. Sie überlegte, wie sie uns helfen könnte. Da sie gute Beziehungen zu den Besitzern einer Spinnerei und Weberei in Bad Hersfeld hatte, fuhr sie eines Tages dorthin. Ob sie einen Sack Weizen oder einen Schinken als Gegenleistung mitnahm, war gut möglich. Ich weiß es nicht. Aber am

Abend kam sie wieder und trug einen Ballen Stoff unter ihrem Arm, den sie meiner Mutter in die Hände drückte. Ich erinnere mich heute noch daran, wie Mutters Augen strahlten; denn nun hatte sie einen wunderbaren Wollstoff.

„Ich denke, Frau Hannemann, der Stoff wird für zwei Mäntel reichen. Gehen Sie mit Ihren beiden Mädchen ins Dorf zur Schneiderin. Sie wird Ihnen die Mäntel nähen. Kommen Sie aber zuvor noch bei mir in der Küche vorbei, ich gebe Ihnen für Frau Schade Butter und einen Topf Schmalz mit. Die Schneiderin wird Sie dann nicht abweisen."

So hüpften, ja sprangen wir am nächsten Tag nach Breitenbach. Neue Mäntel würden wir erhalten. Das war 1945, so kurz nach Ende des Zweiten Weltkriegs, ein richtig frohes Ereignis. Und wirklich, die Schneiderin nahm Maß, nachdem meine Mutter ihr die so wertvollen Lebensmittel ausgehändigt hatte, und versprach, die Mäntel noch vor Weihnachten zu nähen. Zwischendurch mussten wir zweimal zur Anprobe kommen.

Und dann war es so weit. Zwei Tage vor Heiligabend konnten wir unsere Mäntel abholen und sie gleich zum Gottesdienst anziehen. Stolz wie ein Spanier setzte ich mich mit meiner Schwester gleich in die zweite Reihe der Kirche. Allerliebst sahen wir in unseren dunkelblauen Mäntelchen mit den roten Kapuzen aus. Vor Begeisterung sangen wir die Lieder lauter als alle anderen mit, denn wir hatten schöne Stimmen, und in unserer Familie wurde viel gesungen. Und nun waren zudem unsere Herzen so fröhlich gestimmt.

Mehrere Jahre trugen wir diese blauen Mäntelchen und waren glücklich. Aber dann wuchsen wir aus ihnen heraus und sie passten uns nicht mehr. Doch bis heute kann ich die große Liebestat von Frau Ritter nicht vergessen. Sie nahm sich unserer Armut an und half uns.

Und doch wäre dies nicht der Sinn von Weihnachten, wenn sich meine Freude nur von äußeren Gaben abhängig machte. Weihnachten bedeutet mir mehr als ein blaues Mäntelchen. Jedes Jahr stehe ich von Neuem vor dem herrlichen Wunder, wenn von der Kanzel herab verkündigt wird: „Euch ist heute der Heiland geboren." Darin besteht ursächlich meine Weihnachtsfreude. Völlig unabhängig von Geschenken, vom Festtagsessen, vom lieben Besuch weiß ich: Christus, der Heiland der Welt, ist für mich geboren. Ich muss nicht allein meinen Kummer, meine Enttäuschung, meine Armut und Einsamkeit tragen. Ja, ich darf sogar meine Freude mit ihm teilen.

Jesus ist für mich geboren. Das ist die wunderbarste Tatsache, die mich durch meine guten und bösen Tage trägt und mich beglückt. Jesus ist wirklich mein bester Freund.

Ich habe aber auch Weihnachtstage erlebt, die vom Unglück überschattet waren. So stand ich 1973 am Bett meiner jüngeren Schwester, die durch einen Zusammenstoß zweier Züge schwer verletzt worden war. Würde sie überleben? Das war die bange Frage, denn ihre Beine waren an den Oberschenkeln total abgequetscht worden und der Körper wies mehrere Brüche und tiefe Wunden auf. Dreimal musste sie Weihnachten in der Klinik verbringen. Für uns Angehörige war es schwer, im Klinikzimmer einer verzweifelten jungen Mutti von zwei Kindern zu stehen und mit ansehen zu müssen, wie sie um ihr Leben rang. In den ersten Wochen wollte meine Schwester unbedingt leben und hoffte, die Ärzte könnten ihr die Beine erhalten. Aber schließlich blieb ihr doch nur der Rollstuhl. 36 Operationen konnten ihr keine Heilung bringen. Die Beine waren nicht mehr zu retten, und so entschlossen sich die Chirurgen zur Amputation. In dieser leidvollen Zeit wollte Grete nur noch sterben. Ihre Qualen waren unerträglich geworden, und in ihrer Verzweiflung betete sie: „Mach End, o Herr, mach Ende mit aller unserer Not."

Diese Tage am Krankenbett waren auch für mich eine starke Herausforderung. Manchmal floh ich bis ans Ende eines langen Flurs, um ihr Schreien nicht hören zu müssen, wenn die Wunden verbunden wurden und der Verband durch den Eiter festgeklebt war. Vor allem die Feiertage waren nur schwer durchzustehen. Meine Schwester wollte doch so gerne zu Hause bei ihren Kindern sein, und ich wäre manchmal auch verzweifelt gewesen, wenn mir nicht die Gewissheit geblieben wäre: „Euch ist heute der Heiland geboren." Da wurde mir die Bedeutung des Wortes *Heiland* so recht bewusst und ich setzte mein ganzes Vertrauen auf ihn.

Meine Schwester hat dieses Zugunglück überlebt, und bei meinen jahrelangen Besuchen am Krankenbett war es mir immer ein Anliegen, ihr ein Wort von Gott zu lesen und ein Gebet zu sprechen. Manchmal sang ich ihr auch ein Lied vor, das meine Tochter auf der Gitarre begleitete. Oft wartete Grete schon sehnsüchtig auf mich und rief mir zu: „Lotte, sag mir wieder ein Wort." Da wurde mir der Bibelvers so überaus wichtig: „Meine Seele dürstet nach dem lebendigen Gott." Ein Leben lang werde ich es nicht ausschöpfen können, was es heißt, einen Heiland mein Eigen nennen zu dürfen. Wie gern ziehe ich mich an Weihnachten in die Stille zurück oder mache einen längeren schönen Spaziergang, um mit meinem Herrn allein zu sein. Ich will mir seine unbegreifliche Wohltat tief ins Herz fallen lassen. Gewiss freue ich mich auch über Geschenke, und auf meinem Schränkchen häufen sich die Bücher, die mir meine Kinder und Enkel zugedacht haben. Am allermeisten aber freue ich mich darüber, dass ich immer besser begreife: „Euch ist heute der Heiland geboren!"

Eine alte Mutter erzählt

Frau Schmiedinghausen stellte sich zu mir an den Büchertisch. Schließlich holte ich ihr einen Stuhl und wir saßen uns gegenüber. Dann begann sie zu erzählen: In neun Tagen werde ich meinen 85. Geburtstag feiern. Das gibt ein großes Fest. Wir werden im Gasthaus „Zur Sonne" Mittag essen, und viele Gäste sind geladen. Ich wohne nun schon über ein halbes Jahrhundert im Ort und kenne viele liebe Menschen. Sie werden kommen, um mir zu meinem großen Tag zu gratulieren. Bange ist mir nicht davor, denn meine Kinder wollen mir den Geburtstag ausrichten.

Ich werde dann nur tief in die Tasche greifen und die Zeche bezahlen. Aber das tue ich gern.

Ein bewegtes Leben liegt hinter mir. Rosen waren mir nicht auf den Weg gestreut.

Die beiden Weltkriege haben Deutschland in ein fürchterliches Chaos gestürzt. Es gibt kein scheußlicheres Verbrechen als einen Krieg. Zwei meiner Brüder, die ich sehr geliebt habe, sind schon 1939 im Polenfeldzug für Führer, Volk und Vaterland gefallen, wie es damals hieß. Meinen Mann habe ich gleich zu Beginn des Zweiten Weltkriegs geheiratet, und uns wurden zwei Töchter geboren. Aber schon seit Juli 1942 hörte ich nichts mehr von ihm. Er blieb verschollen. Seine kleine Tochter hat er nie sehen können.

Am Vorabend seines Abmarsches nach Rumänien war er noch mit seinem Motorrad kurz bei mir erschienen, um sich zu verabschieden. Wir lagen uns in den Armen und er wollte mich gar nicht mehr loslassen. Mir liefen die Tränen über die Wangen, und auch Georg musste sich das Nass aus den Augen wischen. Es war uns beiden zumute, als wäre es ein Abschied auf Nimmerwiedersehen. Und so kam es denn auch.

Erst 1955 schrieb mir ein Soldat, der mit Georg zusammen in dem heutigen Moldawien stationiert war, dass mein Mann von einem Fronteinsatz nicht mehr zurückgekehrt sei. Er war Melder gewesen, und mit seinem Motorrad musste er die feindlichen Stellungen auskundschaften. Sein Freund konnte mir dies erst so spät mitteilen, da er erst 1955 aus russischer Kriegsgefangenschaft in seine Heimat nach Bayern zurückgekehrt war. Ich ahnte es ja schon lange, dass mein Mann irgendwo in fremder Erde sein Leben gelassen hatte. Aber Näheres, wo er den Tod gefunden hatte, konnte mir sein Kamerad nicht mitteilen. Eine Granate muss ihn wohl getroffen haben.

Als das erste Weihnachtsfest nahte, das ich nun feiern sollte, ohne zu wissen, wo mein Mann verblieben war, stürzte ich in eine schwere Krise. Wie hätte ich auch mit meinen beiden Mädchen das Christfest feiern können, wenn mir die Ungewissheit über das Schicksal meines Mannes fast die Luft zum Atmen nahm. Es war meine Mutter – sie war eine fromme, gläubige Christin – die mich aus der Schwermut herausholte. Schon am Morgen des 24. Dezember erschien sie bei mir mit einer Tasche voller Geschenke für die Kinder und einem kleinen Weihnachtsbäumchen unter dem Arm, das sie auf die Nähmaschine stellte und mit Kerzen und Lametta schmückte. Zum Mittag kochte sie für uns alle eine kräftige Hühnersuppe. Eines ihrer Tiere hatte sie früh am Morgen geschlachtet und für uns mitgebracht. Dann zog sie Ursula und Renate wunderschön an.

Aus blauem Wollstoff hatte sie ihnen Röck-
chen genäht und dazu weiße Pullover ge-
strickt. Allerliebst sahen sie darin aus. „Luise, wir gehen alle gemeinsam um vier Uhr
zur Christvesper", bestimmte sie. Mir war
nicht nach Kirche zumute. Am liebsten wäre
ich zu Hause auf der Ofenbank sitzen geblieben und hätte gleich mehrere Taschentücher
vollgeweint. Aber Mutter war energisch, und
ich hätte mich ihr nicht widersetzen können.

So hockte ich mich schließlich auf der hin-
tersten Kirchenbank in eine dunkle Ecke.
Mutter saß mit den Mädchen vorne in der
ersten Reihe, damit die Kinder das Krippen-
spiel gut verfolgen konnten. Ich war froh,
dass mich die Kleinen nicht weinen sahen.
Der Gedanke, dass mein Mann vielleicht irgendwo unter der russischen Erde begraben
lag, riss mir fast das Herz aus dem Leib. Von
der Predigt verstand ich gar nichts und ich
war froh, als endlich das letzte Lied gesungen war. Dann gingen wir nach Hause und
Mutter zündete die Kerzen am Christbaum
an. Unter der Tanne lagen die Geschenke
für meine Mädchen. Mutter hatte für jedes
Kind eine Puppe aus Stoff genäht. Für mich
hatte sie einen dunkelblauen Pullover ge-

strickt. *Oh Mutter,* musste ich denken, *wie bist du doch in Sorge um mich und hast mich mit deinen Gaben aus der Höhle des Trübsinns herausholen wollen. Gelungen ist dir dies nicht, denn die Schwere des Leids kann ich einfach nicht verdrängen.* Damals hatte ich auch noch nicht den Halt in Christus gefunden. Erst viele Jahre später ist mir das Geheimnis der Geburt Jesu erschlossen worden und ich begriff, dass der Gottessohn gerade zu den Zerschlagenen, Traurigen und Verzweifelten gekommen ist, um ihnen zuzurufen: „Friede sei mit euch!"

Nun musste ich zusehen, wie ich mit meinen beiden Kindern allein durchs Leben kam. Einen Beruf hatte ich nie erlernt. Meine Mutter hatte mir immer gesagt: „Luise, du gehst in Stellung und lernst alles, was eine gute Hausfrau können muss: nähen, kochen, putzen." Wie gerne hätte ich eine Ausbildung in einem Versicherungsbüro angefangen oder wäre Krankenschwester geworden; denn ich war immer eine gute Schülerin gewesen und hätte sogar aufs Gymnasium gehen können. Aber meine Mutter – sie war sehr früh Witwe geworden – hatte mir dies nie erlaubt. „Heirate einen tüchtigen Mann, und dann bist du gut versorgt. Schlag dir die Flausen aus dem Kopf, in einem Büro oder in einer Klinik dein Leben zubringen zu müssen." Aber nun musste ich sehen, wie ich den Unterhalt für meine Familie verdienen konnte.

Ich arbeitete zunächst in der Kantine einer großen Strumpffabrik. Dann holte man mich als Aushilfskraft in die Küche. Später stieg ich auf, lernte Köchin und durfte sogar eine Zusatzausbildung zur Hauswirtschaftsleiterin machen. Es war ein Glück für mich, dass meine Mutter die beiden Mädchen zu Hause versorgte. So war der Broterwerb gesichert.

Aber mein Lebenspartner fehlte mir doch sehr. Die ersten beiden Jahre habe ich um meinen Mann Leid getragen. Dann aber legte ich die schwarzen Trauerkleider ab und suchte den Kontakt zu den übrigen jungen Dorfbewohnern. In dieser Zeit begann mein Chef eine Liebschaft mit mir. Er war zwar im Russlandfeldzug verwundet worden, aber alle seine Brüche waren geheilt. Wie gerne hätte ich Erich geheiratet, aber er hatte schon eine Frau und war Vater eines Zwillingspärchens. Trotzdem blieb Erich über Jahre an meiner Seite. Seine Frau erfuhr natürlich von unserem Techtelmechtel, aber sie duldete unsere Liebesbeziehung. Erich versprach mir zwar, sich von Inge scheiden zu lassen, doch diesen Schritt hat er nie vollzogen und fuhr weiter zweispurig. Ich brach schließlich die Beziehung zu meinem Geliebten ab, denn er führte mich an der Nase herum, und darüber fühlte ich mich tief gekränkt.

Als ich 17 Jahre später zum Glauben fand, tat mir mein ehebrecherisches Verhalten sehr leid. Ich hätte mich nie auf ein Verhältnis mit einem verheirateten Mann einlassen dürfen. Heute weiß ich, dass Gott mir meine schwere Schuld vergeben hat, sonst könnte ich nicht so froh meine alten Tage verbringen.

„Christi Blut und Gerechtigkeit,
das sind mein Schmuck und Ehrenkleid;
damit will ich vor Gott bestehn,
wenn ich zum Himmel werd eingehn.“

Dieser Liedvers hängt als Wandspruch über meinem Bett. Erst mit 52 Jahren ist mir das Geschenk der Wiedergeburt zuteil geworden. In unserem Nachbarort fand im Winter eine Evangelisation statt. Jeden Abend versammelten sich etwa 150 Menschen in der Kirche und hörten auf die Vorträge des Pfarrers. An den letzten beiden Abenden rief er dazu auf, dass jeder, der Christus nachfolgen wolle, nach vorne kommen und an den Altar treten solle. Da stand auch ich von meiner Bank auf und ging den langen Weg bis nach vorne. Ich musste regelrecht dagegen ankämpfen, dass ich nicht auf halbem Wege umkehrte und mich wieder auf meinen Platz setzte.

Aber in dieser bedeutsamen Stunde legte ich bewusst mein Leben in Jesu Hände. Und es war die allerbeste Entscheidung. Wie hätte ich sonst all das Schwere, das mir das Schicksal auf die Schulter gelegt hatte, tragen können. Mich hat es schrecklich bekümmert, als im vergangenen Jahr meine Enkelin bei einem Verkehrsunfall tödlich verunglückte. Der Tod meiner beiden Brüder und meines Mannes haben mich schon tief getroffen, aber an dem Verlust meiner so sehr geliebten Enkeltochter werde ich wohl noch lange zu tragen haben. Oft finde ich in der Nacht keinen Schlaf. Dann sage ich mir die Liedstrophen von Paul Gerhardt auf:

„Kommt und lasst uns Christum ehren,
Herz und Sinnen zu ihm kehren;
singet fröhlich, lasst euch hören,
wertes Volk der Christenheit!

Sünd und Hölle mag sich grämen,
Tod und Teufel mag sich schämen;
wir, die unser Heil annehmen,
werfen allen Kummer hin.

Sehet, was Gott hat gegeben:
seinen Sohn zum ewgen Leben.
Dieser kann und will uns heben
aus dem Leid ins Himmels Freud."

So will ich voller Zuversicht Gott loben. Er steht mir bei. Meine Bitte an ihn ist, dass meine beiden Kinder mit ihren Familien einmal mit mir in der Herrlichkeit bei Gott vereint sind. In dieser Hoffnung will ich fröhlich Weihnachten und dann am 26. Dezember meinen 85. Geburtstag feiern.

Gott hat noch mehr, das er mir geben kann

Der Brief, den ich mir in den Adventstagen aus dem Postkasten holte, war eine böse Überraschung für mich. Ich hatte ein paar Tage zuvor an eine junge Frau eine Wohnung vermietet, und sie war über ihre neue Bleibe beglückt. Ein Mietvertrag wurde unterzeichnet und ich freute mich, dass die Zimmer nun nicht länger leer standen und ich zusätzlich Geld für die Festtage haben würde. Wer eine so große Familie, wie wir es sind, hat – mit Kindern, Schwiegerkindern und Enkeln sind wir 27 –, wird verstehen, wie nötig man da eine zusätzliche Miete für all die vielen Geschenke braucht. Umso mehr war ich enttäuscht, dass mir nun die junge Frau mitteilte, sie wolle doch nicht einziehen, da sie lieber bei ihren Eltern wohnen bleiben würde. Vom Mietvertrag wollte sie zurücktreten.

Von dieser Nachricht war ich natürlich nicht erbaut und ein Telefonat brachte für mich auch keine Lösung. Als ich sie darauf hinwies, dass sie ja den Mietvertrag unterschrieben habe und nicht so ohne weiteres davon zurücktreten könne, wurde die Frau sehr patzig, ja frech. „Na, dann ziehen Sie doch vor Gericht gegen mich, Frau Bormuth. Bei mir ist ohnehin nichts zu holen, ich bin nämlich Sozialhilfeempfängerin." Aber eine Auseinandersetzung auf dem Gerichtsweg lag mir fern. Wer will sich auch schon in den Adventstagen mit Richtern herumschlagen, da ist doch Frieden angesagt. Wie nötig aber hätte ich die Miete gebraucht, und ich war über dieser Sache recht bekümmert. So brachte ich den gescheiterten Mietvertrag vor Gott ins Gebet.

Getröstet wurde ich am nächsten Morgen, als ich in Spurgeons „Kleinode göttlicher Verheißungen" blätterte. Als Bibeltext war 2. Chronik 25,9 angegeben. Dort heißt es: „Der Herr hat noch mehr, das er dir geben kann, denn dies."

Die dazugehörige Erläuterung sprach genau meine prekäre Situation an. Der junge König Amazja hatte mit seinen 25 Jahren eine große Dummheit begangen und von dem abgöttischen Bruderreich ein großes Heer für seine Kriegsführung angeworben.

Natürlich entsprach dies nicht dem Willen Gottes. Wie konnte er nur so handeln und fremde Soldaten in sein Heer eingliedern? Eigentlich wurde von ihm gesagt, dass er tat, was dem Herrn wohlgefiel. Aber in diesem Punkt hatte er versagt und es wurde ihm befohlen, die Kriegsleute nach Hause zu schicken. Gott war nämlich mit seinem Handeln nicht einverstanden. Da Amazja dem Befehl des Herrn gehorsam sein wollte, schickte er die fremden Soldaten nach Hause. Aber es tat ihm leid, dass er umgerechnet schon Hunderttausende von Mark bezahlt hatte. Sollte ihm der Herr auch ohne diese Legionäre den Sieg geben, dann war es sicher ein guter Handel, ihnen ihren Lohn auszuzahlen und sie auf diese Weise loszuwerden. Spurgeon schreibt dazu: „Wenn du einen Fehler gemacht hast, so trage den damit verknüpften Verlust, aber handle nicht dem Willen des Herrn zuwider. Der Herr kann dir viel mehr geben, als du in Gefahr bist zu verlieren; und wenn er es nicht tut, willst du dann mit Gott feilschen? ... Seid willig, Geld zu verlieren um des Gewissens willen, um des Friedens willen, um Christi willen! Seid versichert, dass Verluste um des Herrn willen keine Verluste sind. Sogar in diesem Leben werden sie mehr als aufgewogen; und wie manchen Verlust wird der Herr von dir abgewandt haben. Wenn es sich aber um unsere unsterbliche Seele handelt, so ist das, was wir um Jesu willen verlieren, im Himmel angelegt. Sorge dich nicht wegen des anscheinenden Schadens, sondern höre auf die leise Stimme: ‚Der Herr hat noch mehr, das er dir geben kann, denn dies!‘"

Diese Auslegung tat mir gut. Nun war ich gespannt, wie Gott mir diese Verheißung erfüllen würde. Jedenfalls würde ich nicht vor Gericht ziehen.

Während ich dies niederschreibe, kommt mir eine Situation in den Sinn, in der ich schon einmal Ähnliches erlebt habe. Wir hatten unseren Zehnten über mehrere Monate angespart, und mein Mann wollte das Geld für die Marburger Mission persönlich abgeben, wenn er in den Ferien in seinen Heimatort fuhr. Wir standen mitten im Hausbau, und immer wieder flatterten Rechnungen auf den Tisch, die bezahlt werden mussten. Wir gerieten in Bedrängnis, weil uns ein Darlehen versprochen, aber noch nicht ausgezahlt war. So schlug ich meinem Mann vor: „Karl

Heinz, nimm doch das Missionsgeld und bezahle erst einmal den Installateur davon. Seit acht Tagen liegt schon seine Rechnung bei uns." Aber auf diesen Vorschlag ließ sich mein Mann nicht ein. „Was Gott gegeben ist, das ist gegeben. Dieses Opfergeld rühren wir nicht an."

Am 7. August hatte mein Mann Geburtstag. Genau dieses Wort aus 2. Chronik 25 stand in der Losung. Mit skeptischem Blick meinte ich: „Na, Karl Heinz, meinst du wirklich, dass diese Zusage auch uns gilt und Gott uns mehr geben wird denn dies?" Mein Mann schwieg dazu. Aber als Geburtstagsgruß erhielt er eine Karte von meinen Eltern. Ganz am Schluss als Nachsatz hatte mein Vater am Rand mit kleiner Schrift angemerkt: „Karl Heinz, wenn du Geld zum Bauen brauchst, ich habe 1000 DM für dich angespart." Soll ich diesem Kartengruß noch etwas hinzufügen? Wir feierten einen wunderschönen, frohen Geburtstag und waren durch das Losungswort gewiss: „Der Herr hat noch mehr, das er dir geben kann, denn dies."

Das Jesuskind in der Krippe

Hoch auf einer Alp stand der Schnitzer Justus an seiner Werkbank. Er versuchte seinen Schäfchen, Ochsen und Hirten den letzten Schliff zu geben. Über die Krippe würden sich seine Hilde und die Mädchen sicher sehr freuen. Schon viele Wochen hatte er daran gearbeitet, bis seine Figuren so aussahen, wie er sie sich in seinem Kopf vorgestellt hatte. Unter dem Christbaum würde er sie auf Moos betten, und die Kinder hätten sicher ihre wahre Freude daran.

Aber da kam Hilde in die Werkstatt, legte ihrem Mann die Hand auf die Schulter und meinte mit einem klagenden Ton in der Stimme: „Wir können die Krippe nicht für uns behalten. Ich glaube, du musst sie verkaufen. In der Haushaltskasse ist Ebbe. Ich weiß nicht, wovon ich meine Einkäufe für die Weihnachtsfeiertage tätigen soll. Pack die Krippe in den Tragekorb und versuche sie gut an den Mann zu bringen. Sie ist wunderschön und wird sicher einen Liebhaber finden. Natürlich wären wir glücklich, wenn wir sie bei uns unter dem Weihnachtsbaum aufstellen könnten, aber wenn wir über die Festtage hungrig bleiben müssten, würde unsere Freude schnell schwinden. Mach dich auf den Weg. So kurz vor Weihnachten ist die richtige Zeit, ein solch wertvolles Schnitzwerk anzubieten."

Schweren Herzens packte Justus die Maria mit dem Jesuskind, Joseph, die beiden Ochsen, den Esel und den Hund vorsichtig in alte Tücher, damit sie ja nicht unterwegs beschädigt würden. Er sah es ja selbst ein, dass unbedingt Geld in die Kasse kommen müsste. In diesem Jahr war sein Geschäft nicht so gut gelaufen.

Überall in den Städten und sogar in den größeren Dörfern waren Weihnachtsmärkte aufgebaut. Die Engel, Sterne, Nikoläuse und sogar die Krippen waren jetzt Fabrikware und wurden sehr billig aus China eingeführt. Zu solchen Preisen konnte er seine Schnitzereien nicht herstellen, und so konnten sich keine Käufer dafür finden. Ihm blieb nichts anderes übrig, als zu versuchen, sein größtes Meisterwerk, die Weihnachtskrippe, nun an den Mann zu bringen. So zog er los.

Im Berghotel „Zur Sonne" ging er durch den Personaleingang in die Küche.

In diesem Hotel hatten viele Wohlhabende über die Weihnachtstage Quartier bezogen, um Ski zu laufen und sich in den Alpen zu erholen. Die Wirtin kam gleich auf ihn zu. Sie kannte ihn gut. „Na Justus, was bringst du uns heute?"

„Eine wunderschöne Weihnachtskrippe. Habt ihr Interesse daran?"

„Justus, du brauchst deine Figuren gar nicht erst aufzubauen. Im Augenblick haben wir alle Hände voll zu tun. Unser Hotel ist bis auf das letzte Bett belegt. Da kann ich mich jetzt nicht damit aufhalten, noch einen Platz für die Krippe zu finden. Und im Übrigen ist unser Salon schon festlich hergerichtet. Da steht ein riesengroßer Tannenbaum mit vielen Kerzen. Aber vielleicht kannst du beim Pfarrer fragen, ob der eine Krippe für die Kirche kaufen will."

Langsamen Schrittes ging Justus weiter bis ins nächste Dorf und klingelte auch sogleich beim Pfarrhaus. Die Kinder standen vor der Tür. „Unsere Eltern sind beide nicht zu Hause. Sie sind in die Stadt gefahren. Der Papa besucht in der Klinik einige Schwerstkranke, um ihnen das Abendmahl auszuteilen. Die Mutter will in der Zeit ein paar Einkäufe tätigen."

Missmutig zog der Schnitzer weiter. Vielleicht konnte er es im Kolonialwarenladen versuchen, seine Krippenfiguren anzupreisen. Gerade vor Weihnachten ist die Kauflust groß. Bis fast vor der Tür standen die Kunden, und so reihte er sich auch in die Schlange ein. Als er endlich an die Reihe kam, hatte er allen Mut verloren. Stotternd brachte er seine Bitte vor, ob denn der Kaufmann Scholz ihm nicht seine Schnitzarbeit abkaufen könnte. „Bei uns bist du am falschen Platz, Justus. Du siehst, welche Hektik hier herrscht. Komm später wieder, dann können wir miteinander ins Geschäft kommen. Du weißt, ich schätze deine Arbeiten sehr."

Inzwischen brach die Nacht herein. Es wurde dunkel und neblig dazu. Mühsam trat er den Heimweg an, ohne auch nur einen Pfennig in seiner Tasche zu haben. „Was ist das bloß für eine Zeit", murmelte er vor sich hin. „Alle laufen und rennen, aber für das Jesuskind in der Krippe hat keiner Zeit." Schweren Herzens stieg er den schmalen Pfad bis zur Sonnenalp hoch. Kurz vor sei-

nem Haus hörte er eine Stimme. „Lauf!",
rief sie. „Justus, beeil dich! Hilde braucht
dich. Die Wehen haben vorzeitig eingesetzt
und wir mussten schon die Hebamme holen." Für seine Frau war ihre schwere Stunde
gekommen. Bei jeder Wehe stöhnte sie laut
auf. Die Geburt wollte nicht recht vorange-
hen. „Die Krippe, Justus, du hast doch nicht
das Jesuskind verkauft?"

Hilde schaute ihn mit großen, ängstlichen
Augen an. Er schüttelte den Kopf. „Na,
dann ist es gut. Ich brauche jetzt das Jesuskind. Nirgends sonst kann ich Hilfe finden.
Die Schmerzen sind mir unerträglich. Ich
weiß nicht, ob ich unserem Kind noch zum
Leben verhelfen kann. Oh, jetzt kommt wie-
der eine Wehe!" Da drückte Justus ihr die
kleine geschnitzte Jesusfigur in die Hand.
Fest hielt die Mutter den Heiland in ihrer
Faust und schrie: „Jesus, hilf mir!" Die Heb-
amme blinzelte ihr zu und machte ihr Mut.
„Gleich hast du es geschafft, Hilde. Das Baby
kommt jetzt. Ich sehe schon sein Köpfchen.
Noch einmal musst du tüchtig pressen."
Und schon bei der nächsten Wehe erblickte
ein kräftiger Junge das Licht der Welt. Acht
Pfund war er schwer.

„Justus, wie gut, dass du noch rechtzeitig gekommen bist", strahlte jetzt seine Frau. Das Jesuskind hielt sie noch immer fest in der Hand. „Ohne den Gottessohn hätte ich die schwere Geburt nicht geschafft. *Hab Dank, mein Heiland und mein Herr!"*

Am nächsten Tag trafen die Verwandten und Nachbarn bei der Wöchnerin ein. Sie kamen alle nicht mit leeren Händen. Auf der Kommode in der guten Stube häuften sich die Geschenke: ein Glas Honig, ein Pfund Butter, ein Stollen, Schokoladenriegel und herrliche Apfelsinen. Es wurde ein reicher Gabentisch. Die Bäuerin vom Alpenhof hatte sogar einen großen Schweinebraten mitgebracht, da sie gestern gerade geschlachtet hatte. Noch nie konnten Justus und seine Hilde ein so schönes Weihnachtsfest feiern. Unter dem Christbaum wurde die Krippe auf Moos aufgebaut, und die Kinder halfen tüchtig mit, die beste Stelle für Maria, Joseph und das Jesuskind zu finden. Sie überlegten auch genau, wo die Schäfchen, die Kamele und die gescheckte Kuh ihren Platz haben sollten.

Ganz dicht unter den Tannenbaum aber schoben die Geschwister die rote Wiege mit ihrem Brüderchen unter die Zweige, denn darin lag auch ein Christkind besonderer Art, gerade noch rechtzeitig zur Heiligen Nacht geboren. Glücklich waren Eltern und Geschwister über ihr wunderbarstes Geschenk.

Am nächsten Tag kam auch die Großmutter aus dem Nachbardorf und brachte sogar ein gerupftes Huhn mit. Sie bot sich auch gleich an, eine kräftige Hühnersuppe davon zu kochen. Hilde sollte sich schnell wieder von den Strapazen der Geburt erholen.

Bei ihrer Christfeier am Abend sang die Familie so fröhlich wie noch nie:

„Ihr Kinderlein, kommet, o kommet doch all,
zur Krippe her kommet in Bethlehems Stall
und seht, was in dieser hochheiligen Nacht
der Vater im Himmel für Freude uns macht!

Da liegt es, das Kindlein, auf Heu und auf Stroh,
Maria und Joseph betrachten es froh;
die redlichen Hirten knien betend davor,
hoch oben schwebt jubelnd der Engelein Chor.

O beugt wie die Hirten anbetend die Knie;
erhebet die Händlein und danket wie sie;

stimmt freudig, ihr Kinder, – wer wollt sich
nicht freun?
stimmt freudig zum Jubel der Engel mit ein!"

Die gestohlene Brieftasche

Ist das ein Tumult auf den Straßen. So kurz vor Weihnachten will noch jeder seine Einkäufe tätigen. Mit ihren Tragetaschen und Tannenbäumen unter den Armen schleppen sich die Menschen ab. Besonders die Mütter quälen sich durch die Gassen, denn zu Hause wartet auf sie noch viel Arbeit. So geht es auch Frau Wöllner. In drei Tagen ist Heiligabend und sie will noch vier Sorten Plätzchen backen und dazu die Weihnachtsstube herrichten. Außerdem gilt es, etwa 14 Grüße an Verwandte und Freunde zu schicken. In den letzten Tagen vor dem Fest ist sie einer großen Hektik ausgesetzt.

Während sie den Teig knetet, klingelt es an der Haustür. *Wer mag jetzt noch etwas von mir wollen,* denkt sie? Sie wäscht sich die Hände und öffnet. Eine Frau in etwas abgetragener Kleidung steht vor ihr. Frau Wöllner bittet sie herein und hört eine zu Herzen gehende Geschichte: „Ich bin heute Morgen in die Stadt gegangen und wollte für mein Annettchen noch eine Puppe kaufen. Dieses Geschenk stand ganz oben auf dem

Wunschzettel. Aber da ist mir ein schlimmes Missgeschick passiert. Während ich durch die Spielwarenabteilung schlenderte und für einen Augenblick meine Einkaufstasche abstellte, entwendete mir jemand das Portemonnaie daraus. Nun stehe ich da und habe bis Anfang Januar keinen Pfennig mehr in der Hand. An ein Geschenk für mein Kind kann ich schon lange nicht mehr denken, aber ich brauche dringend Geld, um für mich und mein Töchterchen Lebensmittel zu kaufen. Es ist schrecklich, wie böse die Menschen sind, dass sie einer alleinerziehenden Mutter, wie ich es bin, noch den letzten Cent klauen können. Nun habe ich es gewagt, an Ihrer Tür zu läuten und bitte Sie um etwas Geld. Schließlich gibt es ja nicht nur schlechte Menschen auf der Welt, sondern auch solche, die ein warmes Herz und eine offene Hand haben. Glauben Sie mir, das Betteln fällt mir nicht leicht."

Frau Wöllner ist von dieser Geschichte berührt und will helfen. In diesem Augenblick klingelt das Telefon. „Bitte, entschuldigen Sie mich, ich muss noch zum Hörer greifen." Mit diesen Worten lässt sie ihre Besucherin allein im Flur zurück und eilt in das

Büro ihres Mannes. Nach nur wenigen Minuten kommt sie wieder und hält 20 Euro in der Hand. „Sie sollen an Weihnachten nicht hungern müssen. Vielleicht reicht es noch für Ihre Kleine zu einer Tafel Schokolade. Ich wünsche Ihnen ein fröhliches Fest und Gottes reichen Segen. Es tut mir wirklich sehr leid, was Ihnen da widerfahren ist." Plötzlich hat es die Bittstellerin sehr eilig und verlässt schnellen Schrittes das Haus.

Gegen Abend steht die Besucherin vom Morgen wieder an der Tür. Sie macht ein betretenes Gesicht. „Können Sie mir noch einmal verzeihen?", bittet die Fremde.

Ihre Hände zittern, als sie aus ihrer Manteltasche eine Brieftasche herausholt. „Ich habe Sie heute früh belogen, als ich Ihnen die Geschichte von dem gestohlenen Geld erzählte. Mir hat niemand etwas geklaut. Als Sie ans Telefon eilten, habe ich Ihre Kleidung in der Garderobe durchwühlt und dabei die Brieftasche Ihres Mannes entwendet. Sie aber waren so freundlich und gaben mir 20 Euro. Als Sie mir dann noch fröhliche Weihnachten und Gottes Segen wünschten, habe ich mich schnell aus dem Staub gemacht. Nun hatte ich ja genügend Geld.

Es waren 475 Euro in der Brieftasche. Aber glücklich war ich darüber nicht. Die Angst macht mir zu schaffen, und mein Gewissen treibt mich um. Wie kann ich den Segen Gottes erwarten, wenn ich eine Diebin bin? Dieses Vergehen hat mich in starke Unruhe versetzt, und ich bin jetzt gekommen, um Ihnen das Gestohlene alles zurückzugeben. Ich will auch nicht mehr die 20 Euro von Ihnen behalten. Die Angst vor Gottes Zorn hat mich gepackt. Mit so viel Schuld im Herzen kann ich keine Christnacht feiern. Würden Sie mir verzeihen?"

Frau Wöllner reicht ihrer Besucherin die Hand, und diese verlässt das Haus. Wie hätte sie auch dieser Fremden die Vergebung verweigern können, da doch Christus geboren wurde, um unser aller Heiland und Retter zu sein? Ihr wurde neu bewusst: Wir leben alle von einer Gnade.

Wundersame Träume werden manchmal wahr

Vor Kurzem hörte ich eine bemerkenswerte Geschichte, die mir gut gefallen hat. So wurde von einer alten Dame berichtet, die in ihrer Jugend wohl eine Schönheit gewesen war. Jetzt aber waren ihre Lachgrübchen zu einer welken Hautfalte verkommen und der Glanz in ihren Augen war verblasst. Aber wenn sie eine große Freude erlebte, dann strahlte sie über das ganze Gesicht und vergaß, dass sie das biblische Alter schon lange erreicht hatte. Sie kam sich jung und stark vor, als stünde sie noch auf dem Höhepunkt ihres Lebens. Gewiss, nicht jeder Tag war von Freude durchdrungen, aber sie entwickelte das Talent, sich an den Blumen in ihrem Garten zu freuen, wenn die blauen Polster des Ehrenpreis voller Blüte standen oder wenn die Bienen um die duftenden Rosen tanzten. Eine besondere Freude aber bereiteten ihr die aufgeweckten Enkel. 13 waren es an der Zahl. Welch ein fröhliches Treiben herrschte dann im Garten, wenn die kleine Schar ihre Oma in den Ferien besuchte.

Auf der Terrasse musste sie dann immer den langen Tapeziertisch aufstellen und ihn mit weißen Tischtüchern bedecken. Wenn die Kleinen ihre Teller geleert hatten, gab es als Nachtisch Vanille- oder Schokoladeneis, und die Portionen waren nicht karg bemessen. Gesund sahen ihre Lieblinge aus, wohlgenährt und mit roten Bäckchen. Wie gut, dass der Garten mit Rasen eingesät war, denn danach spielten die Buben Fußball, und eins der Mädchen – es war das größte – wurde ins Tor gestellt, während die drei Jüngeren tüchtig Beifall spenden mussten, wenn das runde Leder wieder im Netz gelandet war. In den Sommermonaten brauchte das Gras kaum gemäht zu werden. Dafür sorgten die kleinen Füßchen. Sie ließen es nicht zu, dass das Gras wachsen konnte. Stand eine Versetzung ins Haus, dann brachten die Schulkinder ihre Zeugnisse mit und zeigten sie stolz ihrer Großmutter. Alle Schüler waren im Unterricht fleißig und auch begabt. Der Stolz auf die große Nachkommenschaft war dann die Freude ihres Alters. Bei solchen Gelegenheiten holte sie das braun bemalte Holzkästchen herbei und verteilte Euros, die sie darin über das Jahr gesammelt hatte. Sogar die ganz Kleinen, die noch gar nicht eingeschult waren, hielten der Oma ihre Händchen entgegen, um auch eine Gabe zu ergattern. Am meisten aber freute sie sich, wenn ihre fröhliche Schar draußen im Garten um sie herum saß und sie ihnen die spannenden Geschichten aus der Kinderbibel vorlesen konnte. Wie wunderbar ist es doch, wenn man eine so liebenswerte Großmutter sein kann. Zum Glück kamen die Enkel nicht immer zur gleichen Zeit, sondern schauten abwechselnd zu ihr herein. Nur an ihrem Geburtstag tanzte ihre Familie vollständig an. An solch einem Tag war sie dann abends müde und abgekämpft.

Eine große Freude bereitete ihr das Schenken. Aber mit wachsender Enkelschar wünschte sie sich manchmal, dass ihr wie bei Sterntaler aus dem Himmel Goldtaler in den Schoß regnen würden und sie dann alles Schöne und Begehrenswerte kaufen könnte. Aber denken nicht viele Großmütter so? Mir ist dieser Wunsch sehr bekannt. Und ich beginne auch zu träumen. Wie sehr würde es mich freuen, wenn mir ganz überraschend

Geld zufließen würde. Ich hätte auch sofort Pläne, welche Wünsche ich meinen Enkeln erfüllen würde. Nils würde sich riesig über ein Aquarium freuen. Cornelius nähme ich gleich mit in die Zoohandlung; denn sein kleines Häschen ist ihm von einem streunenden Hund zu Tode gehetzt worden. Dieses Tier würde ich ihm ersetzen, damit er nicht mehr länger seiner geliebten Susi nachtrauern müsste. Julia wünscht sich sehnlichst Rollerskates und Rebecca einen Puppenwagen. Im Nu hätte ich das Geld zur Freude der Kinder ausgegeben. Gewiss, keiner meiner Enkel wird an Weihnachten oder an seinem Geburtstag von mir vergessen, und sie freuen sich auch, wenn sie von den Großeltern mit kleineren Gaben bedacht werden. Auf jeden Fall rufe ich sie an ihrem großen Tag immer an. Neulich sagte Cornelius an seinem neunten Geburtstag – und das hat mich sehr berührt –: „Oma, wie schön, dass du dich nach mir erkundigst."

Und doch erinnere ich mich jetzt, dass mir einmal dieses Glück widerfahren ist und mir der Briefträger einen Scheck über 10 000 DM aushändigte. Das war viel Geld, und ich wollte es gar nicht annehmen, weil ich an einen Irrtum glaubte. „Bitte, Frau Bormuth, unterschreiben Sie mir den Empfang, ich muss unbedingt weiter", drängte er. Da schaute ich mir den Scheck näher an. Er kam aus einer größeren Stadt in Württemberg. Diesen Herrn hatte ich zu einer Freizeit eingeladen, und später holte er mich für mehrere Tage in seine Gemeinde, wo ich das Evangelium verkündigen durfte. Ich war für diese Zeit auch Gast in seinem Hause und wurde wunderbar bewirtet.

Natürlich rief ich den Absender des Schecks sofort an und teilte ihm mein Erstaunen mit.

„Frau Bormuth, ich habe mir in jungen Jahren mühsam ein Geschäft aufgebaut. Installateur hatte ich gelernt, und mein Vater war auch schon in diesem Gewerbe tätig. Dann entdeckte man in der Umgebung unseres Ortes Heilquellen. Es entwickelte sich ein Bauboom und die Hotels schossen wie Pilze aus der Erde. Ich hatte alle Hände voll zu tun und musste gleich mehrere Gesellen einstellen, um alle Aufträge erfüllen zu können. Vor allen Dingen gehörte es zu meiner Arbeit, teure Bäder einzurichten, womit ich sehr viel Geld verdient habe. Ich beschäftigte auch zwei Fliesenleger zusätzlich, damit die Arbeiten an den Bädern vollständig von meiner Firma ausgeführt werden konnten. Durch diesen Bauboom bin ich reich geworden, sehr reich sogar. Aber ich habe auch viel schaffen müssen und war von morgens früh bis abends spät im Einsatz.

In dieser Zeit wurde ich von einem Bauunternehmer zu einer Vortragswoche in ein Hotel eingeladen. Weil er mir immer gute Aufträge zukommen ließ, wollte ich es nicht mit ihm verderben und besuchte diese evangelistischen Veranstaltungen. Gerne bin ich zunächst nicht dort hingegangen. Aber damit setzte Gott bei mir einen Neubeginn. Ich bin darüber sehr glücklich geworden. Nun hatte mein Leben einen tieferen Sinn erhalten, und Arbeit war nicht mehr die einzige Zielrichtung.

Ich bin auch Ihnen dankbar für die wunderbaren Bibeltage, die ich mit Ihnen im Allgäu erleben durfte. Dieser Scheck ist ein Dank an Gott für all seine Freundlichkeit und Hilfe. In all den Jahren bin ich nicht einmal krank geworden. Das ist mir ein Wunder. Verwenden Sie das Geld, so wie Sie es am besten im Reich Gottes einsetzen können. Nochmals vielen Dank für alle geistlichen Impulse, die ich durch Sie empfangen durfte."

Für mich war es überhaupt nicht schwer, das Geld an die richtige Stelle zu schicken. Ich hatte von einer christlichen Gemeinde in Sibirien gelesen, die gerade dabei war, sich ein Gotteshaus zu bauen. Jahrelang waren die Christen im Osten von den Kommunisten bedrängt worden. Eine Reihe von Vätern waren in die Arbeitslager abtransportiert worden, weil sie Kindern das Evangelium vermittelt hatten. Aber trotz der Bedrohung wuchs die Gemeinde, weil die Mütter in den Riss traten und an verborgenen Stellen im Wald Gottesdienst abhielten. Nach dem Sturz des kommunistischen Regimes in der Sowjetunion wurden die Männer aus ihrer Haft entlassen. Die christliche Gemeinde musste nun nicht mehr länger im Untergrund leben, sondern durfte die Frohe Botschaft von Jesus frei verkündigen. Sie nahmen seinen Befehl ernst und begannen eine rege Missionstätigkeit. Aus diesem Grund brauchten sie Geld, um Bibeln und vor allem Literatur für Kinder und Jugendliche herzustellen. Dorthin sollten auch die 10000 DM für den Bau des Gotteshauses und die christliche Literatur fließen. Mit großer Freude wurde diese hohe Geldgabe in Empfang genommen. Ich selbst wurde froh darüber, dass ich mithelfen durfte, das Reich Gottes zu bauen.

Das große Opfer des Installateurs wurde mir zum Anreiz und ich lernte in meinem Leben Verzicht zu leisten. Von Zeit zu Zeit lege ich einen größeren Betrag zurück. Ich weiß: Das Marburger Bibelseminar wird von immer mehr jungen Leuten besucht, die sich zu Katecheten, Missionaren und Erziehern ausbilden lassen. Man kann an diesem Institut auch Abitur machen, und unsere Tochter unterrichtet dort Mathematik ehrenamtlich. Aus dem kleinen Pflänzchen – mein Mann hat das Institut vor 40 Jahren gegründet und unser Schwiegersohn ist heute der Direktor – ist in all der Zeit ein mächtiger Baum geworden. Dringend wird dort das Geld gebraucht, und es macht mich glücklich, dass ich jedes Jahr zu Weihnachten eine größere Spende dorthin überweisen kann. Ein neues Wohnheim musste errichtet werden, um die Studierenden alle gut unterzubringen. Manchmal stehe ich vor dem Gebäude und überlege, welche Wände und Fenster ich dazu gestiftet habe. Wenn ich dann sehe, wie wunderbar mein Opfer angelegt wurde, beglückt mich der Verzicht.

Oft werden mir auch auf meinen Vortragsreisen die Hände gefüllt, wenn ich über das Marburger Bibelseminar berichte. So überweist mir zum Beispiel jeden Monat eine Frau aus Süddeutschland 20 Euro von ihrer geringen Rente, die ich dann ans Bibelseminar weiterreiche. Das ist für diese Witwe ein großes Opfer. Von Peter Hahne, dem Redakteur beim ZDF, erhielt ich neulich eine Karte mit folgendem Spruch: „Gesegnete Leute hinterlassen keine Schlagzeilen, sondern Spuren für die Ewigkeit." Das ist meine Freude.

Die zurückgewiesenen Päckchen

Während ich diese Zeilen zu Papier bringe, packt mich die Wut. Ist es möglich, dass die Söhne sich ihrer psychisch kranken Mutter gegenüber so hässlich verhalten? Aber vielleicht beginne ich meine Geschichte mit dem Tag, an dem Frau Wachsmut zu uns ins Haus kam (Name ist geändert). Eine Sozialarbeiterin aus der Psychiatrie rief mich an: „Frau Bormuth, ich habe gehört, dass Sie Zimmer vermieten. Wir haben eine Patientin, nicht mehr ganz jung, die wir gerne entlassen möchten. Sie war 14 Jahre hier in der Klinik. Da sie nun weiter ambulant betreut werden kann, suchen wir für sie eine Wohnung. Allerdings braucht Frau Wachsmut gerade in der Anfangszeit Hilfe und Beistand. Wir wünschen uns für sie einen Platz mit Familienanschluss. Es wäre auch nötig, auf ihre Sauberkeit zu achten, die Wohnung zu putzen, für sie einzukaufen und dafür zu sorgen, dass sie regelmäßig ihre Medikamente nimmt."

„Gut", erwiderte ich. „Ich muss mit meinem Mann reden, ob wir diese Betreuung übernehmen können. Zwei Zimmer hätten wir zum Ersten des nächsten Monats frei. Sie sind möbliert. Zwei unserer Kinder haben geheiratet, und so haben wir Platz."

„Lotte", sagte mein Mann, „wenn du dir die zusätzliche Arbeit zutraust, dann lass Frau Wachsmut zu uns kommen. Gerne helfe ich dir bei dieser Aufgabe. Seit ich im Ruhestand bin, habe ich mehr Zeit. Ich könnte vor allen Dingen die Einkäufe übernehmen."

So zog diese Dame zu uns. Die Wohnung gefiel ihr, und sie war vor allem von meinem ersten Enkelkind begeistert, für das sie zu Weihnachten sogar ein weißes Mützchen strickte. Wir haben uns auch gut verstanden, und bis auf den heutigen Tag gab es keine Querelen zwischen uns.

Vor einem Jahr wurde sie ernstlich krank, und in der Ambulanz suchte man für sie vorübergehend einen Altenheimplatz. „Ja", sagte sie, „ich gehe ins Seniorenheim, aber nur, wenn die Frau Bormuth auch mit mir geht." Ich musste schmunzeln, denn noch fühlte ich mich wohl und konnte meinen Haushalt bewältigen.

Frau Wachsmut gehört nun seit über 16

Jahren zu unserer Familie. Sie ist eine fromme Katholikin, und wenn ich mal in ihr Zimmer komme, dann treffe ich sie oft mit dem Rosenkranz in der Hand an. Sie hört gern klassische Musik, außerdem ist Stricken ihr Hobby.

An einem Morgen kam sie ganz verstört zu mir. „Frau Bormuth, mein Mann hat die Scheidung eingereicht. Aber das geht doch nicht. Wir haben uns am Altar Treue geschworen, und in der katholischen Kirche ist die Ehe ein Sakrament." Sie war sehr aufgebracht. Ich bat den katholischen Pfarrer, sich ihrer Not anzunehmen, und er führte ein langes Gespräch mit ihr. Herr Wachsmut bestand unbedingt auf der Scheidung, und so blieb unserer Mitbewohnerin nichts anderes übrig, als einzuwilligen.

Ich vermute, dass ihr Mann als Kaufmann zu Unterhaltszahlungen herangezogen werden konnte, und dagegen wehrte er sich schließlich erfolgreich. Nun übernahm das Sozialamt ihre Kosten und überwies uns die Miete. Ob die Scheidung gerechtfertigt war, darüber will ich nicht urteilen. Aber ich hatte schon große Mühe, Frau Wachsmut zu trösten und ihr beizustehen. Ich begriff nicht, wie er seine kranke Frau so im Stich lassen konnte. Nie lag ein Gruß von ihm im Briefkasten oder erreichte sie ein Päckchen. In der Weihnachtszeit hätte ich das schon von ihrem geschiedenen Mann erwartet, schließlich hatte sie ihm zwei Kinder geboren. In den Anfangsjahren, vor allem in der Vorweihnachtszeit, als sie bei uns eingezogen war, erschien Frau Wachsmut immer so gegen 10 Uhr 30 in meiner Küche, setzte sich auf die Eckbank und wartete auf den Postboten. Aber nie wurde ihre Hoffnung auf einen Brief erfüllt. Schließlich gab sie ihre Erwartungen auf einen Gruß von zu Hause auf.

Noch gemeiner empfand ich die Haltung ihrer Söhne. Schon im Oktober hatte mich Frau Wachsmut gebeten, ich solle ihr Strumpfwolle besorgen, aber sehr feine in Grau und Braun. 14 Tage vor Weihnachten packte sie dann zwei Päckchen für Erhard und Ludwig und legte einen lieben Kartengruß dazu. Aber leider kam die Postsendung mit dem Vermerk zurück: „Annahme verweigert." Die Mutter glaubte nicht an die Boshaftigkeit ihrer Kinder und meinte nur: „Vielleicht sind meine beiden Jungen mit ihren Familien in Urlaub gefahren. Ich probiere es später noch einmal."

Ich ahnte, dass diese Vermutung nicht stimmte, wollte aber die Wahrheit nicht ins rechte Licht rücken. An einem stürmischen Morgen – draußen auf den Straßen herrschte Glatteis – beobachtete ich, wie meine Mieterin mit den beiden Päckchen in der Hand sich am Zaun entlanghangelte. „Frau Wachsmut, kommen Sie zurück. Der Bürgersteig ist total vereist. Sie brechen sich noch ein Bein. Mein Mann kann heute Mittag, wenn die Straßen gestreut sind, Ihre Päckchen zur Post mitnehmen."

„Nein, Frau Bormuth, ich will das gleich erledigen. Die Zeit drängt. Ich passe schon gut auf mich auf." Ich musste zusehen, wie sich die alte Mutter den Berg hinab quälte. Sie ließ sich von mir nicht zurückholen. Erhard und Ludwig sollten doch rechtzeitig ihre Weihnachtsgeschenke unter dem Tannenbaum vorfinden. Ich konnte nur mit dem Kopf schütteln, und doch war ich von der Liebe dieser kranken Mutter zu ihren Söhnen berührt.

Drei Tage später lieferte die Post die beiden Päckchen wieder bei uns ab. Auf der

Vorderseite war erneut vermerkt: „Annahme verweigert." Da packte mich die Wut und ich begriff nicht, wie Kinder so grausam sein konnten, zumal es sich um kluge Menschen handelte. Ein Junge ist Polizist und der andere Sozialarbeiter. Ich verfrachtete die zurückgewiesenen Päckchen in die hinterste Ecke unserer Speisekammer, denn mir fehlte der Mut, sie Frau Wachsmut auszuhändigen. Diese Enttäuschung wollte ich ihr so kurz vor Weihnachten nicht zumuten. Erst Anfang Januar übergab ich ihr die Weihnachtspäckchen, die sie mit traurigem Herzen in die Hände nahm. „Sind denn meine Söhne wohl immer noch im Skiurlaub?", fragte sie mich ganz bekümmert.

Ich schwieg nur, trug aber Leid um einen alten, psychisch kranken Menschen, der so viel Zurückweisung nicht verdient hatte. Auch das geschieht zu Weihnachten. „O Herr", musste ich denken, „wie gut, dass du dich der Einsamen, Traurigen, Kranken und Ausgegrenzten annimmst. Deine Liebe ist unerschütterlich." An diesem Abend tröstete mich bei meiner Bibellese das Jesajawort: „Doch es wird nicht dunkel bleiben über denen, die in Angst sind. Das Volk, das im Finstern wandelt, sieht ein großes Licht; und über denen, die da wohnen im finstern Lande, scheint es hell" (Jesaja 8,23 und 9,1). Mir war auch klar, ich sollte unserer Miete- rin eine Freude bereiten. So kochte ich für sie an den Feiertagen, brachte ihr ein Ge- schenk und stellte ihr einen Weihnachtsstern ins Zimmer.

Der Händler

Ein Freund erzählte mir Folgendes: Es war kurz vor Weihnachten, als es an meiner Haustür klingelte.

Wahrscheinlich ist es wieder ein Bruder der Landstraße, dachte ich bei mir. Ich bin ihm schon in der Parkallee begegnet, als ich vom Einkaufen zurückkam. Er wird um ein paar Mark bei mir betteln, damit er sich über Weihnachten den Schnaps durch die Kehle rinnen lassen kann. Wie soll auch so ein armer Kerl wie er das hohe Fest der Liebe anders durchstehen können, wenn er sich von den Mitmenschen ausgegrenzt, ja ausgestoßen fühlt?

Aber dieses Mal irre ich mich. Der Mann, der vor meinem Eingang steht, ist ordentlich angezogen, trägt sogar einen Hut auf dem Kopf, hat in der Hand einen kleinen Koffer und auf dem Rücken einen ledernen Rucksack. „Darf ich für einen Augenblick stören und hereinkommen? Ich habe wunderschöne Waren anzubieten." Und schon steht er mit beiden Füßen im Flur.

„Kommen Sie nur bei dem kalten Wetter herein in die gute Stube", lade ich den Fremden ein und öffne ihm die Tür zum Wohnzimmer, in dem der Kamin Wärme ausstrahlt und das Holz knistert. Schnell folgt mir der Mann und fängt auch gleich an, Seifenstückchen, Bürsten, Schuhbänder und jede Menge Kerzen auf dem Tisch auszubreiten. „Es sind lauter nützliche Sachen, die im Haushalt sehr gut Verwendung finden. Gerade kurz vor Weihnachten läuft das Geschäft hervorragend", klärt mich der Mann – oder soll ich besser der Herr sagen – auf. „Gerade hier in Ihrem Viertel habe ich schon für über hundert Euro Waren verkauft. Vor allen Dingen die Seife in einer Geschenkpackung kann ich gut loswerden.

Zu meinem Geschäft muss ich Ihnen eine kleine Geschichte erzählen. Eigentlich brauche ich das Geld gar nicht. Ich beziehe eine Rente, die zwar nicht hoch ist, aber für mich und Hanna ausreicht. Früher habe am Hafen gearbeitet und zuletzt selbst einen Kahn gesteuert. Aber dann wurden meine Augen immer schlechter und es wurde lebensgefährlich, länger das Ruder in der Hand zu halten. Ich habe dann meine Rente beantragt und so lebe ich in der Nähe Hamburgs mit meiner Frau in einer Dreizimmerwohnung mit Küche und Bad. Das reicht uns zwei alten Leuten aus. Auf dem Kahn hatten wir noch weniger Platz. Uns geht es gut.

Aber unter uns in der Kellerwohnung haust eine alleinerziehende Mutter mit ihren drei Söhnen. Vor vier Jahren hat sie ihr Mann im Stich gelassen, und so muss sie selbst sehen, wie sie den Lebensunterhalt sichert. Morgens in aller Frühe, noch vor fünf Uhr, trägt sie verschiedene Zeitungen aus, etwa hundert an der Zahl. Jetzt im Winter kommt sie dann ganz durchgefroren nach Hause und sorgt sich um ihre Buben, damit sie rechtzeitig in die Schule kommen. Diese Frau lebt am Existenzminimum und wird für ihre Kinder keine Geschenke kaufen können. Deshalb kam ich auf die Idee, mich als Händler zu betätigen. Gern würde ich für jeden Buben einen warmen Anorak und ein kleines Spielzeug erwerben. So viel möchte ich schon verdienen. Sollte mein Geschäft über Erwarten besser laufen, dann will meine Frau einen Geschenkkorb mit Kaffee, Stollen, Wurst, Honig, Butter, Traubensaft und Schokolade richten. Ist das nicht eine großartige Idee von meiner Hanna? Sie trägt das Herz auf dem rechten Fleck.

So, nun habe ich Ihnen meine Geschichte erzählt. Wie ist es? Können Sie etwas von meinen herrlichen Waren gebrauchen?"

Die Liebestat dieses Mannes imponiert mir mächtig. „Ja, Seife brauche ich gleich drei Stück, und dazu die Geschenkpackung Parfüm für meine Frau. Außerdem benötige ich noch Kerzen für den Christbaum und für unser Schränkchen eine dicke rote, die ich gern neben den Adventsstrauß stellen möchte. Auch zwei Paar Schuhbänder und Zahncreme sind mir nützlich. Zählen Sie bitte alles zusammen, ich gehe schon mal und hole meine Brieftasche."

67,50 Euro rechnet mir der Fremde zusammen. Während ich das Geld hole, kommt mir der Gedanke, den Mann zu fragen, ob er mir nicht die Adresse dieser alleinerziehenden Mutter geben kann. Ich würde mich gern an der Liebestat beteiligen und dieser Familie ein Paket schicken.

„Das brauchen Sie nicht", erklärt mir der Händler. „Wir sorgen schon für diese Mutter mit ihren drei Kindern. Aber Arme, Bedürftige wird es auch in Ihrer Stadt geben.

Beten Sie zu Gott. Er wird Ihnen schon zeigen, wo Sie helfen können. Aber jetzt muss ich weiter."

Ich bezahle meine Schulden, und dann verabschieden wir uns. Lange brauche ich nicht darauf zu waren, wie ich helfen kann. Unser Pfarrer ruft mich an. In der Gemeinde gehe Frau Müller-Jakobsohn durch tiefes Leid. Ihr Mann sei vor einigen Wochen gestorben und sie bekäme jetzt nur eine geringe Witwenrente. Darüber sei sie in Schulden geraten und könne die Stromrechnung nicht mehr bezahlen. Das Elektrizitätswerk drohe ihr, den Strom abzuschalten, wenn sie nicht den fälligen Betrag bis zum nächsten Ersten überweisen könne. Durch die Beerdigungskosten habe sie gar keine Rücklagen mehr.

Mir ist sofort klar: Hier muss ich helfen. „Bitte, Herr Pfarrer, halten Sie die Rechnung bereit, ich komme gleich vorbei und werde den ausstehenden Betrag begleichen."

Meine Frau Barbara hat das Telefonat mit angehört. Auch sie ist von der Geschichte dieser Witwe bewegt. „Rudi, ich schreibe dir gleich eine Liste, was du mir vom Geschäft alles mitbringen musst. Frau Müller-Jakobsohn soll auch ein schönes Weihnachtsfest feiern können. Außerdem laden wir sie ein, den Heiligabend mit uns zu verbringen. Nach der Christfeier nehmen wir sie im Auto mit zu uns. Wir sind durch Jesus so reich beschenkt, da will ich gern auch andere noch beschenken."

Für die Witwe wird der Christabend zu einer wunderbaren Begegnung mit Menschen, die sie in ihrem Leid nicht allein lassen. Und im Gottesdienst lernt sie noch andere Christen kennen.

Die Bibel lehrt uns: „Gutes zu tun, vergesst nicht!"

Jens und sein Fahrrad

Vier Tage vor Weihnachten besuchte Jonas Helder seine Tante in der Klinik. Mit schwerem Rheuma lag sie danieder und hoffte auf baldige Besserung von ihrem Leiden. Aber der Chefarzt konnte ihr keine großen Versprechungen machen. Wie sehr freute sie sich über die herrlichen Blumen, die auf dem Nachttisch standen. Die gelben Chrysanthemen waren mit Tannengrün zu einem wunderschönen Strauß zusammengebunden.

Natürlich fragte Tante Ilse auch gleich, wie es denn zu Hause in der Familie gehe. Ihr Neffe erzählte ihr, wie groß der Kummer sei, den er mit Jens habe. Der Bengel wolle einfach nicht lernen, sei im Unterricht zerstreut und habe des Öfteren seine Hausaufgaben vergessen. Wenn der Junge sich nicht endlich auf den Hosenboden setze und tüchtig lerne, müsse er wahrscheinlich die Klasse wiederholen. Jedenfalls habe ihn sein Lehrer zu sich bestellt und ihn davon unterrichtet. Natürlich sei kein Vater von solchen Nachrichten erbaut. Er habe sich vorgenommen, seinem Sohn einen kräftigen Denkzettel zu verpassen, damit Jens endlich begreife, dass er sich schnellsten von seiner Faulheit verabschieden müsse. So habe er seinem Jungen gesagt: „Mit diesen Leistungen, die du im Augenblick nach Hause bringst, kann ich dich nicht mit einem wertvollen Weihnachtsgeschenk belohnen. Schreib dir das hinter die Ohren, Jens. Du bekommst dein heiß ersehntes Fahrrad nicht."

Die Tante sah ihren Neffen mit großen Augen an und war entrüstet. „Aber Jonas, das kannst du doch nicht machen. Zu Weihnachten kann man sein Kind nicht so drastisch bestrafen. Wie soll er denn das Christfest begreifen, wenn seine drei Geschwister mit wunderbaren Geschenken bedacht werden und er leer ausgehen muss? Gerade zu Weihnachten macht uns doch Gott seine große, unverdiente Liebe bewusst. Haben wir es denn verdient, dass Jesus, der Gottessohn, den Himmel verließ und zu uns in unsere erbärmliche Welt kam? Bestrafe deinen Sohn, wann und wie du meinst, es tun zu müssen, aber nicht an Weihnachten."

Trotz ihrer Schwäche sprach Tante Ilse ihre Bedenken klar und deutlich aus. Jonas Helder ließen ihre Worte nicht mehr los. Sie

beschäftigten ihn noch lange auf dem Nach-
hauseweg.

Nun war der Heilige Abend gekommen.
Auf dem Gabentisch hatten die Eltern für
Jens einige kleinere Geschenke ausgebreitet.
Aber er wusste nicht, dass unter seinem sü-
ßen Teller, auf dem Schokolade, Marzipan
und Plätzchen lagen, ein kleiner Zettel lag.
Drauf stand: „Unverdienterweise erhältst
du dein lang ersehntes Fahrrad, weil wir alle
das Geschenk des Jesuskindes vom Vater im
Himmel auch nicht verdient haben."

Nachdem die Lieder gesungen waren und
die Mutter die Geschichte von der Geburt
des Jesuskindes im Stall von Bethlehem gelesen hatte, folgte die Bescherung. Jedes
der Geschwister ging an seinen Platz und
wickelte die Geschenke aus. Jens war enttäuscht. Die wenigen Päckchen, die auf seinem Gabentisch lagen, konnten ihn nicht
begeistern: ein Paar warmer Wollsocken,
ein Schlafanzug und ein Paar Waschlappen.
Dies alles hatte er sich nicht gewünscht. Er
zog ein langes Gesicht, weil sein eigentlicher
Wunsch nicht bedacht worden war. Missmutig setzte er sich in eine Ecke des Zim-
mers und grollte.

„Hast du denn schon alles gesehen?", fragte ihn der Vater. „Ja", war seine mürrische Antwort.

„Ich glaube nicht. Sieh dir deinen Platz nur genauer an." Jens warf noch einmal einen kurzen Blick auf sein Geschenktischchen und brummte in einem etwas ärgerlichen Ton: „Ich habe schon alles wahrgenommen."

„Nun, dann heb doch mal deinen Teller mit den Süßigkeiten hoch." Jens folgte den Worten des Vaters und entdeckte sofort den Umschlag mit dem Zettel.

„Du kannst ihn dir im Nebenzimmer näher ansehen und genau lesen, was darauf steht." Langsam folgte ihm der Vater und merkte, wie fröhlich, ja richtig glücklich sein Sohn wurde. Er konnte nur mit strahlenden Augen das Wort vorbringen: „Papa!"

Aber in diesem einen Wort spiegelte sich seine große Freude. Er fiel ihm um den Hals. Sein heißer Wunsch war ihm erfüllt worden. Gemeinsam gingen Vater und Sohn in die Waschküche, wo das Fahrrad mit einer Decke verhüllt in einer Ecke stand, und holten es in die Stube.

An diesem Weihnachtsabend begriffen alle aus der Familie, was unverdiente Gnade Gottes ist. Das Evangelium ist wirklich eine Freudenbotschaft. Sicher muss an dieser Stelle nicht erwähnt werden, dass Jens sich im Unterricht fortan mächtig anstrengte. Sein Lehrer konnte darüber nur staunen. Am Ende des Schuljahres war jedenfalls die Versetzung nicht mehr gefährdet.

Die Pferderanch

Ein junger Mensch berichtet von seinen Erfahrungen mit Pferden.

Schon als kleines Kind liebte ich Pferde. Mein Vater hatte mir mit sechs Jahren ein Pony gekauft, und so lernte ich früh das Reiten. Aber Vater bestand auch darauf, dass ich ihm beim Ausmisten des Stalles die Schubkarre holte und ihm auch sonst behilflich war. Jeden Abend nahm er mich mit, wenn er meine Wanda füttern wollte. Ich trug in einem kleinen Eimer den Hafer aus der Futterkiste herbei und warf auch das Heu auf die Tenne. Oft durfte ich meine braune Stute zum Reiten auf den Waldweg bringen und Vater begleitete mich dabei auf seinem Gaul. Wie frei fühlte ich mich und aller Sorgen los, wenn ich auf dem Rücken von Wanda saß und durch Felder und Wiesen ritt.

Meinen Vater liebte ich von ganzem Herzen. Er war ein wunderbarer Mensch. Manchmal legte er auf unserer Tour eine Pause ein. Wir banden dann unsere Pferde an einen Baum, setzten uns ins Gras, und er erzählte mir die schönsten Geschichten, die er über Pferde wusste. Er stammte nämlich aus einem großen landwirtschaftlichen Betrieb. Diesen Hof erbte später sein älterer Bruder, während er den Beruf des Forstwirts und Jägers erlernte. Es war eine solch glückliche Zeit, die ich als Kind verlebte, dass ich mich gerne daran erinnere.

Aber dann schlichen sich öfter Probleme zwischen Vater und Mutter ein. Ich wusste nicht, warum es immer wieder zu heftigen Streitereien zwischen ihnen kam. Wenn ich aber auftauchte, dann verstummten sie. Ich sollte wohl nicht mit ihren Konflikten beschwert werden. Aber so ganz ließ sich dies nicht vermeiden.

Es war an einem kühlen Novembertag. Auf den Feldern waren schon die ersten Schneeflocken gefallen. Da geschah in unserer Familie ein schreckliches Unglück. Ich war neun Jahre alt und wurde schon vor Ende des Unterrichts aus der Schule geholt und zu meinen Großeltern gebracht. Ich wusste nicht, was geschehen war. Mir fiel nur auf, dass in der Wohnstube einige Verwandte zusammensaßen und entsetzlich traurige Gesichter machten. Einige weinten sogar.

Großmutter nahm mich in den Arm und wollte mir etwas zuflüstern, aber sie brachte kein Wort über die Lippen. Schließlich nahm mich mein Großvater auf den Schoß und sagte: „Kim, es ist etwas ganz Schreckliches passiert. Deine Mama ist tot. Papa hat sie ermordet und sich anschließend selbst das Leben genommen. Du wirst jetzt erst einmal bei uns bleiben."

„Das ist nicht wahr!", schrie ich in meiner Bestürzung auf. „Opa, sag, dass das nicht wahr ist!"

„Doch, mein kleiner Schatz. Ich verstehe auch nicht, wie das geschehen konnte."

Diese Nachricht erschütterte mich tief, und ich fing an zu schreien und zu jammern und blieb untröstlich. Wie ich die nächsten Tage bis zur Beerdigung zubrachte, kann ich heute gar nicht mehr sagen. Ich war total verstört und war nur froh, dass ich meine Großeltern in der Nähe wusste. Sie nahmen mich in den Arm und beteten mit mir. Dann kam der Tag, da meine Eltern auf dem Friedhof begraben werden sollten. Ich war so verzweifelt, dass ich beschloss, nicht an der Trauerfeier teilzunehmen, und meine Großeltern verstanden mich. Ich nahm mein Pferd und ritt mit zwei Freundinnen in den Eselsgrund. Dort auf der großen Wiese versuchte ich meine Traurigkeit in den Griff zu bekommen. Ich band Wanda an einen Zaunpfahl, ließ meine Freundinnen wieder nach Hause reiten und hockte mich ins Gras. Meinen Kopf hatte ich in meine Hände gestützt.

Ist das wirklich wahr, dass Vater meine Mutter getötet hat? Gewiss, manchmal sind sie in Streitereien geraten, dann aber haben sie sich auch wieder ausgesöhnt. Wie konnte es nur zu dieser Tat kommen, und warum hat er sich danach erschossen? Jetzt bin ich ganz allein in der Welt, eine Vollwaise, und mein Schmerz sitzt tief. „O Gott", betete ich, „erbarme dich meiner, erlöse mich von dem Übel, sei mir jetzt ein starker Heiland, sonst muss ich verzweifeln."

Plötzlich war mir zumute, als berühre mich Gottes Hand und sprach mir freundliche Worte zu; „Kind, ich will jetzt dein Vater und deine Mutter sein."

Wie sich ein Vater über Kinder erbarmt, so erbarmt sich der Herr über die, die ihn fürchten. So steht es doch in der Heiligen Schrift. Ich erinnerte mich daran, wie Mutter nach einer Sonntagsschulfeier meine innere Ergriffenheit sah und mich fragte: „Kim, willst du auch Jesus Christus als Heiland und Herrn in dein Leben aufnehmen?" Ich nickte nur. Dann knieten wir beide vor meinem Bett nieder, und Mutter betete zu Jesus, er möge mein guter Hirte sein und mich führen und leiten. Für mich war dies eine heilige Stunde gewesen, und jetzt im Eselsgrund kniete ich mich wieder hin, diesmal ins Gras, und rief den Namen Gottes mit dem 23. Psalm an. Früh hatte ich diese Verse von Mutter gelernt:

„Der Herr ist mein Hirte, mir wird nichts mangeln." Das war inzwischen mein Lieblingspsalm, und in dieser unbegreiflichen, schweren Situation wurde mir erst recht bewusst, welch ein Trost es war, dass ich Jesus kannte.

Eine Stunde muss ich wohl auf dieser Wiese gesessen haben. Dann ging ich wieder zu meiner Wanda, band sie los, stieg auf und ritt nach Hause. Ich hatte begriffen, was es heißt, zerbrochen und doch wieder aufgerichtet zu werden. Pferde wurden meine treuen Begleiter auf meinem Weg.

Als ich später erwachsen war und auch

mein Mann ein echter Pferdeliebhaber war, kauften wir uns ein Grundstück. Es war ziemlich verwahrlost und wurde zwangsversteigert. Deshalb konnten wir es überhaupt erwerben. Von nun an hatten wir alle Hände voll zu tun. Wir sammelten die Steine auf der Wiese auf, ebneten das Land ein und verteilten guten Mutterboden darauf. Zweimal im Jahr mähten wir das Gras und düngten die Weide. Außerdem zäunten wir die Wiese ein.

Eines Tages fragte uns ein Zirkusdirektor, ob wir nicht zwei seiner Pferde auf dieser Koppel aufnehmen könnten. Sie seien inzwischen alt geworden und könnten in der Manege keine Reiterkunststücke mehr vollführen. Aber er brächte es nicht übers Herz, sie töten zu lassen. Das waren unsere ersten Stuten auf unserem Grundstück. An den Nachmittagen kamen Kinder zu uns und fragten, ob sie denn reiten dürften. Die beiden Pferde wurden zu einem starken Anziehungspunkt. Da wir selbst keine Kinder hatten, nahm ich mir die Zeit, diese Kleinen nach dem Reiten mit Jesus, dem Kinderfreund, bekannt zu machen. In persönlichen Gesprächen stieß ich auf Kinderherzen, die auch sehr verwundet waren und Schweres in ihren Familien erlebt hatten. Ich begriff, dass Gott uns vor eine verantwortungsvolle Aufgabe gestellt hatte.

Später wurden uns noch drei Ponys gebracht, die besondere Pflege benötigten. In ihrem Bemühen, die Gesundheit der verletzten Tiere wiederherzustellen, erlebten die Kinder selbst Heilung von ihren Wunden. Ich war ja auch einmal so zerbrochen und verstand die Kinder in ihrem Leid.

Zwischen der bedingungslosen Liebe eines kleinen Pferdes und dem großen Erbarmen Jesu wurde mein Leben von seiner Qual befreit. Die Tragödie, die ich damals in meiner Kindheit erlebte, ebnete mir später den Weg zu einer seelsorgerlichen Betreuung von gequälten, missbrauchten und vernachlässigten jungen Menschen durch die Reittherapie. Ich habe nie Buch darüber geführt, wie viele Kinder und Pferde wir auf unserem Hof in all den Jahren betreut haben. Aber es war eine große Zahl. So wie ich damals meine Wanda ins Herz geschlossen hatte, so fühlten sich die Kinder mit Rocky, Hektor, Lilli und Mascha verbunden. Auf unserem Pferdehof kam es zum Einklang zwischen

Mensch und Tier. Die ganze Schöpfung will ja Gottes Ehre verkünden, und wir dürfen auch unseren kleinen Anteil daran haben.

Manchmal wurden uns auch die Hände mit Geld gefüllt von Eltern, die diese heilende, segensreiche Arbeit anerkannten. Wir kauften noch mehr Weideland. Die Gegend ist hier sehr schön. Urlauber nehmen Kontakt zu uns auf, und sonntags feiern wir sogar mit ihnen Gottesdienst im Freien. Menschen bringen uns auch verletzte und abgemagerte Pferde, die wir mit gutem Futter aufpäppeln und denen wir die Wunden verbinden. Mehrmals mussten wir schon einen Tierarzt holen, der die klaffenden Wunden nähen musste. Ein Bauer hatte in seinem Jähzorn seinen Schimmel so schrecklich mit einer Heugabel traktiert, dass wir kaum noch Hoffnung für das blutende Tier hatten. Aber wir wissen ja auch um das Gebet, und es erweist sich immer als starke Kraft. So versuchen wir durch Wort, Tat und Gebet zu helfen und zu heilen.

Ich erinnere mich auch sehr gern an eine Frau, deren Tochter gerade zur Weihnachtszeit beerdigt werden musste. Sonja hatte einen schlimmen Autounfall erlitten und war an den Folgen verstorben. Sie gehörte auch zu unserem Pferdehof, und die Mutter schrieb uns folgenden Brief:

„Liebe Kim,
meine Tochter hat durch den Umgang mit den Pferden eine gute Entwicklung erfahren. Früher hatte sie große Sprachschwierigkeiten, die sich aber stark besserten. Mit der Liebe zu ihrem Pony wuchs auch ihr gestörtes Selbstbewusstsein, und immer besser lernte sie zu sprechen. Sie kümmerte sich in ihrer Oberstufenklasse selbst um gestörte Kinder und lud sie zu den Bibeltreffs ein. Als das Weihnachtsfest nahte, bat sie ihre Großeltern, Tanten, Onkels, Cousinen und Paten, ihr keine Geschenke zu bringen. Stattdessen wünschte sie sich Geld, damit auch die armen Kinder auf dem Pferdehof mit kleinen Päckchen bedacht werden könnten. Diese Geschenke bringen wir Ihnen noch rechtzeitig mit dem Auto vorbei. Wir sind natürlich noch immer sehr traurig, dass wir unsere Tochter so früh hergeben mussten. Unsere Sonja liebte Ihren Pferdehof sehr. Es wäre sicher nicht in ihrem Sinn, wenn bei ihrer Beerdigung viele Blumen und teure Kränze

auf dem Grab lägen. So haben wir auf die
Trauerkarten geschrieben, dass wir stattdes-
sen Geld erbitten.
Es soll Ihrem Hof und den jungen Menschen
zugute kommen, die hier durch den Kon-
takt zu den Pferden und durch das Reiten
Heilung von inneren Verletzungen erfahren.
Gott segne all Ihr Tun. Wir wünschen Ihnen
allen ein gesegnetes Weihnachtsfest."

Ich hielt diesen Brief an mein Herz und
weinte um den Verlust, den diese Familie erlitten hatte. Das nächste Fohlen aber, das auf
unserer Ranch geboren wurde, nannten wir
Sonja, in Erinnerung an die Liebe, die wir
durch diese Reiterin erfahren hatten.

Krach am Heiligabend

Eigentlich hätte Christiane Holmer glücklich sein müssen, dass ihr Mann nach bestandenem zweitem Staatsexamen eine Stelle als Lehrer erhalten hatte. Aber dass er ausgerechnet nach den Sommerferien seinen Schuldienst am Gymnasium in Regensburg antreten sollte, passte ihr überhaupt nicht. In dieser Stadt war nämlich ihr Mann zu Hause, und seine Mutter wohnte noch immer dort. Nun galt es, in ihre Nähe zu ziehen.

Kurz nachdem Christiane Klaus in der Studentenmission kennengelernt hatte und er sie zum ersten Mal seiner Mutter vorstellte, merkte sie, dass die Beziehung zu ihr wohl nicht ohne Konflikte ablaufen würde. Die Mutter hatte durch einen Unfall früh ihren Mann verloren und war mit ihrem Sohn allein zurückgeblieben. Ihre ganze Liebe hatte sie ihrem Jungen zugewandt. Als Schneiderin saß sie oft bis spät in die Nacht an der Nähmaschine und nähte Röcke, Blusen und Kleider, um sich zu ihrer geringen Witwenrente noch etwas hinzuzuverdienen. Sie wollte ihrem Sohn eine sehr gute Ausbildung ermöglichen und hoffte im Stillen, dass er sie auch später finanziell unterstützen würde. Aber diese Vision erfüllte sich nicht, und mit dem Tag, da Klaus seine Christiane heiratete, schwammen der Mutter alle Felle davon. Nach der Geburt der Zwillinge musste sich Klaus selbst anstrengen, um seine Familie ernähren zu können. Allein die Wohnung war recht teuer.

Seine Mutter rief oft bei ihnen an und bat ihren Sohn, dass er Verschiedenes in ihrem großen Garten erledigen sollte. Außerdem musste er sich auch um das kleine Haus kümmern, das schon um die Jahrhundertwende gebaut worden war. War Christiane am Telefon, dann war das Gespräch mit Mutter immer sehr schnell beendet, denn die alte Dame suchte ja meist nur den Kontakt zu ihrem Sohn. In dieser Beziehung zwischen Alt und Jung knisterte es gewaltig. Die Eifersucht spielte bei der Mutter eine große Rolle.

Christiane war bemüht, die Querelen mit der Schwiegermutter nicht allzu ernst zu nehmen. Sie war noch nicht lange Christ, doch eines war ihr bewusst: Sie wollte die Mutter ihres Mannes ehren, denn sie hatte

Klaus das Leben geschenkt. Und schließlich heißt es auch in den Zehn Geboten: „Du sollst Vater und Mutter ehren."

In dieser Konfliktsituation suchte sie ihren Seelsorger auf, und dieser riet ihr, täglich für die Mutter zu beten. Das würde die Auseinandersetzungen entschärfen. Allerdings müsse sie Geduld beweisen, denn solche Schwierigkeiten ließen sich nicht von heute auf morgen beheben. Christiane wollte Gott gehorsam sein, aber wenn sie ehrlich war, hätte sie in dieser Zeit lieber für einen Eskimo in Grönland und einen Indianer in Südamerika gebetet als für ihre Schwiegermutter.

Nun nahte das erste Weihnachtsfest. Sie müssten Mutter an Heiligabend einladen. Daran führte kein Weg vorbei. Aber die Feier wurde zu einem Fiasko. Als Klaus am Nachmittag zu seiner Mutter fuhr, um sie abzuholen, dauerte es über zwei Stunden, bis sich die alte Dame gebadet, ihre Locken eingedreht und sich festlich angekleidet hatte. Zu Hause aber wartete Christiane vergeblich darauf, dass ihr Mann die Zwillinge zu einem längeren Spaziergang ausführte. Sie hatte wirklich alle Hände voll zu tun, um das Festessen zu richten und die Geschenke einzupacken. Bei zwei wuseligen kleinen Kindern kam sie in ihrer Arbeit nur schwer voran.

Endlich kam Klaus nach Hause, und es dauerte nicht lange, bis die ersten Nörgeleien vonseiten der Mutter losgingen: „Kochst du auch täglich Gemüse und bringst du auch genügend Obst und Salate auf den Tisch? Ich habe den Eindruck, Klaus sieht sehr schlecht aus. Wann hast du zuletzt die Gardinen gewaschen? Sie sehen so grau aus. Soll ich kommen und dir dabei helfen? Christiane, ich werde dir ein Dampfbügeleisen zum Geburtstag schenken, damit du die Hemden von Klaus auch ohne Falten bügeln kannst." Welche junge Frau hört sich solche Kritik gerne an? Christiane hatte Mühe, ihren angestauten Ärger nicht deutlich werden zu lassen.

Der Krach aber spitzte sich zu, als die Weihnachtslieder gesungen, das Evangelium gelesen und ein Gebet gesprochen waren. Nun ging es daran, die Geschenke auszupacken. Wie sehr freuten sich Anja und Jens, als endlich das große weiße Tuch weggezogen wurde und sie beide ihren

Roller und das rote Tretauto entdeckten. Mutter legte los: „Wie könnt ihr nur euren Kindern so teure Geschenke kaufen? Diese Spielsachen haben ja ein Vermögen gekostet. Habt ihr gar nicht daran gedacht, dass mein Dach im Frühjahr neu gedeckt werden muss. Ihr werdet ja einmal Erben meines Vermögens sein. Da müsst ihr für die Erneuerung der Dachziegel auch euren Beitrag leisten. Sparen müsst ihr lernen. Eure Kleinen haben doch genügend Bilderbücher, Malstifte und Bauklötze. Auf den Roller und das Tretauto hätten sie gut verzichten können."

„Mutter, lass das unsere Sorge sein, was wir unseren Kindern schenken. Misch dich nicht in unsere Angelegenheiten ein", versuchte die junge Frau die Situation zu klären.

„Wie kannst du nur so mit mir reden?", schimpfte die Mutter. „Klaus, fahr mich sofort nach Hause! Mein Herz verträgt solche Diskussionen nicht." Bei diesen Worten zog sie sich ihren Mantel an und ging zum Auto. Damit war das Weihnachtsfest für die junge Familie Holmer gelaufen. Das herrliche Festessen blieb fast ganz auf dem Tisch stehen. Der Appetit war ihnen vergangen. Nur gut, dass die Zwillinge fröhlich mit ihren Geschenken über den langen Flur rasten.

An diesem Abend saßen Christiane und Klaus noch lange zusammen und überlegten, wie sie in Zukunft solche Konflikte meiden könnten. Im nächsten Jahr wollten sie Mutter einen Gutschein für eine Weihnachtsfreizeit im Allgäu schenken. Damit, so hofften sie, würden sie den Auseinandersetzungen an Heiligabend aus dem Weg gehen.

Der Überfall

So, nun hatte Britta Köhler (der Name wurde geändert) wohl alle ihre Geschenke eingekauft. Es wurde aber auch Zeit; denn in nur wenigen Tagen war Weihnachten. Mit langsamen Schritten ging sie den Weg zu ihrer Studentenbude und nahm die Abkürzung durch den Park. Plötzlich vernahm sie jemanden hinter sich. Ihr Gang wurde schneller, aber auch die Person folgte ihr auf dem Fuß. Angst überkam sie. Draußen war es stockdunkel geworden, und um diese Zeit verirrte sich kaum jemand in diese Gegend. Aber dann wurde sie doch eingeholt. Mit kräftigen Armen wurde sie plötzlich von einem Mann in die Büsche gezerrt. Auch wenn sie sich mit aller Macht wehrte, so kam sie gegen diesen Hünen von Mensch nicht an. Sie wollte laut schreien, aber der Kerl bedrohte sie, und sie fürchtete um ihr Leben. Er vergewaltigte sie. Aber sie war mit dem Leben davongekommen. Nur konnte sie dieser Gedanke nicht beruhigen. Zu tief saß der Schock.

Wie sehr hatte sie sich auf die Festtage

gefreut. Seit Semesterbeginn hatte sie ihre Eltern und Geschwister nicht gesehen. Wie konnte ihr nur so etwas Schreckliches passieren? Sie hätte sofort zur Polizei gehen sollen, aber sie empfand eine tiefe Scham und fürchtete sich auch vor den vielen Fragen, die ihr gestellt würden. Sie vertraute sich auch ihrer Freundin nicht an und war in ihrem Inneren wie erstarrt. Schon am nächsten Morgen packte sie ihren Koffer und fuhr nach Hause. Vater und Mutter wunderten sich über ihr Verhalten. Was war bloß mit Britta los? Sonst war sie immer fröhlich, gut gelaunt, redselig und überaus unternehmungslustig. Aber jetzt zog sie sich in ihr Zimmer zurück und entschuldigte ihr seltsames Verhalten damit, dass sie noch eine Seminararbeit fertigstellen müsse. Für Britta wurde es das traurigste Weihnachtsfest in ihrem Leben. Sie ging zwar mit in die Kirche, aber für sie schienen die Glocken wohl nicht zu läuten, und die herrlichen Hirtenlieder, die ein Kinderchor darbot, erreichten ihr Innerstes nicht. Im Stillen fragte sie sich, da sie jetzt zeitlich von dieser verbrecherischen Tat Abstand gewonnen hatte, ob es nicht doch besser gewesen wäre, sofort zur Polizei zu gehen. Sie hoffte nur mit Bangen, dass diese Vergewaltigung ohne Folgen für sie ausgehen würde. Aber die Angst ließ sie nicht zur Ruhe kommen. Auch Wut und Zorn machten ihr zu schaffen. Über Silvester fuhr sie an ihren Studienort nach Berlin zurück. Für Britta folgten unruhige Tage und Nächte. Es fiel ihr schwer, sich auf das Studium zu konzentrieren. Während der Seminare saß sie nur regungslos im Hörsaal und starrte ins Leere.

Einige Wochen später ahnte sie, dass die Vergewaltigung nicht ohne Folgen geblieben war. Sie ging zur Frauenärztin, die ihre Vermutung bestätigte. Für Britta war klar, dass sie dieses Kind nicht zur Welt bringen könnte. Berlin war groß, und kein Mensch sollte von der Abtreibung erfahren. Schon der Gedanke, das Kind eines Vergewaltigers im Leib zu tragen, ließ sie fast wahnsinnig werden. Hätte sie sich doch bloß in dieser bedrohlichen Situation einem verständnisvollen Menschen anvertraut! Ihr hätte in ihrer Angst und Not geholfen werden können. Aber dazu fühlte sie sich nicht in der Lage. Sie konnte kaum einen klaren Gedanken fassen und war wie blockiert. Hinzu kam, dass schon das Wort Abtreibung in ihr einen ausgesprochen hässlichen Klang auslöste. Wenn doch nur schon bald alles vorüber wäre, dann würde es ihr besser gehen.

Während Britta sich nächtelang im Bett herumwälzte, schwirrten ihr die widersprüchlichsten Gedanken im Kopf herum. Oft musste sie ihr Kissen auf die andere Seite drehen, weil es vor lauter Tränen nass geweint war. In manchen Nächten wollte ihr fast das Herz vor Gram zerspringen.

Dann kam der Tag, an dem sie die Frauenklinik aufsuchte. Sie hielt den viel begehrten Schein in Händen, der eine Abtreibung zuließ. Wie gerädert stand sie an jenem Morgen auf, nahm ihr Köfferchen in die Hand und lief wie betäubt nur noch mechanisch vorwärts. Bei der Aufnahme in der Klinik unterschrieb sie die erforderlichen Formulare und erhielt anschließend eine Beruhigungsspritze. Gedankenlos blätterte sie in den Illustrierten. Mit ihr saßen noch einige andere Frauen im Raum. Jede hing ihren eigenen Gedanken nach und es herrschte eine bedrückende Stille. Welche Geschichten verbargen sich wohl hinter ihren Gedanken? Würden sie nach dem Eingriff erleichtert sein, weil die schreckliche Last von ihnen genommen wäre und sie dann in den Alltag zurückkehren könnten? Auch in Brittas Brust stritten die Gefühle miteinander. Wenn sie doch nur schon das Ganze hinter sich gebracht hätte! Aber das war ihr bewusst: Nie mehr würde sie dieselbe sein wie früher vor dem Überfall. Sie würde jedem Kinderwagen ausweichen und auf die andere Straßenseite wechseln. Ihr war bewusst, dass Abtreibung Tötung bedeutete, auch wenn es sich um das Kind eines Vergewaltigers handelte.

Britta Köhler hatte erst im Sommer des vergangenen Jahres zum Glauben an Christus gefunden. Kommilitonen hatten sie zu Offenen Abenden in die Studentenmission eingeladen, und anschließend war sie in den Semesterferien zu einer Freizeit nach Bornholm gefahren. Dort hatte sie unter dem Einfluss des Wortes Gottes Jesus ihr Ja gegeben, und es waren glückliche Tage im Kreise junger Christen gefolgt. Aber nun schien ihr Glück geschwunden zu sein, um niemals wiederzukehren. Sie empfand einen tiefen Groll gegen den Menschen, der ihr Gewalt angetan hatte. Er war aus dem Dunkel gekommen und wieder ins Dunkel verschwunden und hatte sie verstört zurückgelassen. War nun dieser Abbruch gerechtfertigt? In ihrem Innern herrschte ein wirres Durcheinander. Rechtlich war ihr Entschluss zur Beendigung der Schwangerschaft legal und sie hätte ihr Gewissen nicht so beschweren müssen. Warum nur hatte sie nicht in ihrer Studentengruppe das Gespräch mit einem Pfarrer gesucht? So hatte sie allein eine so schwerwiegende Entscheidung treffen müssen.

Jetzt war sie an der Reihe. Eine Krankenschwester rief sie in den Behandlungsraum. Plötzlich ergriff sie eine unheimliche Angst. Es schauderte ihr bei dem Gedanken, dass man dieses kleine werdende Leben in ihr abtöten würde. Könnte sie ihm nicht doch eine Chance geben? Aber da war die Scham vor ihren Eltern, Geschwistern und all den Menschen, die sie liebten. Sie, die Fromme, würde ein uneheliches Kind zur Welt bringen. Würde man ihr im Nachhinein glauben, dass sie vergewaltigt worden sei?

Die Schwester spritze ihr noch einmal ein Beruhigungsmittel und Britta legte die Hand auf ihren Leib, so als wollte sie sich von dem kleinen Menschlein verabschieden. Nein, jetzt konnte sie nicht mehr zurück, und noch einmal überwältigte sie der Schmerz. Sie fühlte sich so verunsichert. Alle Qual, die sie bisher in der Stille ertragen hatte, stieg in ihr auf. Sie fing bitterlich an zu weinen, wurde hysterisch, und die Krankenschwester rief schnell einen Arzt herbei. Kurz drauf stand ein junger Mediziner im weißen Kittel vor ihr. Er sah ihre Erregung und Verzweiflung. „Ich denke", sagte er in beruhigendem Ton, „Sie sollten Ihr Baby doch behalten." Er ergriff ihre Hand. „Sie werden es doch nicht übers Herz bringen, den Abbruch durchführen zu lassen."

Britta murmelte noch etwas wie: „Ich habe ja gar keine andere Chance." Aber der Arzt hielt ihre Hand noch fester. „Es gibt Menschen, die Ihnen helfen werden, und ich kann Ihnen eine Liste von Institutionen geben, die Ihnen beistehen werden." Darauf verließ Britta schnell den Behandlungsraum, packte ihre Sachen zusammen und bestellte sich ein Taxi. Sie ließ sich in ihre Studentenbude zurückfahren. Zu Hause warf sie sich auf ihr Bett und ließ ihren Tränen freien Lauf. Dann aber griff sie zum Telefon und rief den Studentenpfarrer an. Er war bereit, sie aufzusuchen, denn sie fühlte sich nach all dem Geschehen doch noch schwach und elend. Nun konnte sie einem Seelsorger alles anvertrauen, was sich in den letzten Wochen seit dem 11. Dezember bei ihr angestaut hatte. Der Pfarrer begleitete Britta zur Polizei und war auch bereit, mit ihren Eltern zu reden. Er schlug ihr vor, im nächsten Semester die Universität zu wechseln, um an einem anderen Ort dem Baby zum Leben zu verhelfen. Ihre Mutter war bereit, so lange für den Säugling zu sorgen, bis sie ihr Abschlussexamen in der Tasche hatte.

Nachdem sich noch zwei weitere junge Frauen bei der Polizei gemeldet und Anzeige wegen Vergewaltigung erstattet hatten, wurde der Park vermehrt von Polizisten bewacht. Erst nach fünf Jahren konnte der Serientäter anhand der DNA-Spuren ausfindig und dingfest gemacht werden. Der Vergewaltiger gestand die Tat an Britta. In ihr stiegen noch einmal die Angst und das Grauen hoch, als sie dem Mann im Gerichtssaal begegnete, der ihr so viel Leid angetan hatte.

Im September wurde dann die kleine Hanna-Sophie geboren. Sie war ein sehr schönes Kind mit Augen wie Perlen und einem dunklen Wuschelkopf. Als sie jetzt ihre kleine Tochter im Arm hielt, war sie doch froh, dass der Doktor ihr damals, als sie verängstigt auf dem Behandlungstisch lag, Mut zugesprochen hatte. Die Entscheidung für das Kind war ihr zwar nicht leicht gefallen, aber sie hatte richtig erkannt: eine Abtreibung wäre für sie keine Lösung gewesen. Gern hätte sie dem Arzt zu Weihnachten ihren Dank ausgesprochen und ihm ein Foto ihres Töchterchens zukommen lassen. Aber leider war der Doktor inzwischen ins Ausland gegangen. Hanna-Sophie gewann die Zuneigung und Liebe der ganzen Familie. Diesmal feierte Britta mit frohem Herzen das Weihnachtsfest. Der Druck, der so sehr auf ihr gelastet hatte, war einer tiefen Freude über ihren kleinen Schatz gewichen. Es wurde wieder hell in ihrem Leben, und die Verheißung aus Jesaja 8,23 bewahrheitete sich: „Es wird nicht dunkel bleiben über denen, die in Angst sind."

Nach Hause kommen

Tief atmete Kapitän Asmussen durch, als er endlich vor sich Land erblickte. Fast hatte er schon den Mut verloren, dass er mit seiner Besatzung lebend den Hafen erreichen würde. Auf hoher See hatte plötzlich das Wetter umgeschlagen und die dunklen Wolken zogen sich am Himmel zusammen. Finster wurde es. Schauerlich dröhnte das dumpfe Rollen der Wogen. In der Ferne richtete sich eine mächtige Regenwand auf, und schon prasselten Hagel und dicke Tropfen auf das Schiff. Der Dreimaster hatte große Mühe, gegen die Wasserwogen anzukämpfen. Wie eine Nussschale tanzte das Schiff auf den Wellen hin und her. Manchmal wurde es so heftig herumgeschleudert, dass dem Kapitän angst und bange wurde. Würde er mit seiner Mannschaft noch heil das Ufer erreichen? In sieben Tagen war Weihnachten, und jeder fieberte schon darauf, bei seinen Lieben unter dem Christbaum dieses hohe Fest zu feiern. So kämpften der Kapitän und die Matrosen mit aller Macht ums Überleben, denn die Sturmböen kamen gewaltig nahe und das Schiff drohte zu kentern. Schon war der Hafen von Husum in Sicht, aber die Gefahr war noch nicht gebannt. Mit wachen Augen hielt Kapitän Asmussen die Fahrrinne im Blick, achtete nicht auf die Kälte und den Regen und schaffte es so, mit seiner Mannschaft an Land zu kommen.

„An Deck alles klar!", lautete sein Ruf. Und dann wurden die Anker ausgeworfen. Während sich die Matrosen zu Tisch setzten, zog sich einer von ihnen, Karsten Petersen, still in seine Koje zurück. Er nutzte diese stillen Augenblicke, um vor Gott seinem Herzen Luft zu machen. Er wusste: Hier hatte der Allmächtige seine Hand im Spiel gehabt und dem brausenden Meer befohlen: „Schweig und verstumme!" So hatte es Jesus schon zu seinen Lebzeiten getan, als den Jüngern auf dem See der Untergang drohte und sie laut aufschrien: „Herr, hilf uns, wir verderben!" Karsten Petersen hatte im Ringen ums Überleben viel Mut bewiesen und in Stoßgebeten den himmlischen Vater angerufen. Ihm war klar bewusst, dass ohne Gottes Hilfe alle im Seemannsgrab tief auf dem Meeresgrund ihre letzte Ruhestätte gefunden hätten. Karsten war der jüngste Matrose, aber in der Stunde der höchsten Bedrängnis hat er sich in den Augen seiner Kameraden durch seinen starken, unerschütterlichen Glauben und durch tapferes Handeln hervorgetan. Immer wieder hatte er seinen Kopf gen Himmel gehoben und laut gerufen: „Gott, du bist Herr über Meer und Wellen. Du wirst uns sicher ans Ziel bringen."

Nun wollte auch der Kapitän seinem tapferen Helden den Dank aussprechen. Er drückte ihm fest die Hand und sagte: „Karsten Petersen, ich gewähre dir einen Sonderurlaub von sieben Tagen. Du darfst Weihnachten zu Hause bei deinen Lieben feiern." Freude brach bei dem Matrosen aus, und all seine Kameraden gönnten ihm diese Vergünstigung.

Sofort eilte Karsten zu seiner grün gestrichenen Seekiste, die unverschlossen in einem engen Gang stand, und holte aus seiner Brieftasche mehrere Geldscheine heraus. Damit begab er sich in Begleitung des Kochs und eines anderen Leichtmatrosen an Land, die dort Einkäufe tätigen wollten. Karsten überlegte, womit er seiner Mutter und seinen drei Geschwistern zu Weihnachten eine Freude machen könnte. Er ging in ein Geschäft und erstand für seine Mutter eine weinrote Samtbluse, für seine beiden großen Schwestern je eine Schürze und für sein kleines Brüderchen, das noch in der Wiege lag und noch nicht das erste Lebensjahr erreicht hatte, einen kleinen Stoffelefanten. Jedes Mal, wenn man das Tier drückte, stieß es brummige Laute aus. Dann machte sich Karsten auf den Weg zur Hallig, die Geschenke hatte er sicher im Rucksack verstaut. Seine beiden Kameraden trieben ihn noch zur Eile an, denn in dieser winterlichen Jahreszeit begann es früh zu dämmern. Der Abendwind war schon aufgekommen und rauschte im Riedgras. Aus den Ställen drang ab und an das Gebrüll der Kühe und Ochsen zu ihm herüber. Hier lagen die Gehöfte weit auseinander. Er kam an einem Weidenbaum vorbei, an dessen Stamm ein Wegweiser angeschlagen war. Dieser gab dem Heimkehrenden die Richtung nach Hause an. Inzwischen war der Mond aufgegangen, und in seinem Licht konnte Karsten schon den Deich erkennen. Sein Herz schlug jetzt immer schneller in seiner Brust, wo er sich doch seiner Heimat so nah wusste. Über ihm flogen Scharen von Raubmöwen, und auch eine Formation von Wildgänsen zog über ihm her.

Jetzt hatte Karsten den Seedeich erreicht. Er erklomm ihn, und vor ihm lag das unendlich weite schiefergraue Nordseewatt. In der Ferne konnte er schon einen schwarzen Fleck, seine Hallig entdecken. Er musste erst einmal stehen bleiben und tief durchatmen. Eine unbeschreibliche Freude überkam ihn und er wusste: *Jetzt bin ich wohl bald zu Hause.*

Plötzlich aber geriet der junge Matrose in Nebelschwaden hinein. Drohend umgaben sie ihn. Er schaute zum Himmel hoch und sah, wie sich die Wolken immer mehr zusammenzogen. Die Freude auf das baldige Nachhausekommen vertrieb die Angst, die sorgenvoll in ihm aufkeimen wollte. Schon mehrere Monate war er von seinen Lieben getrennt gewesen. So war es verständlich, dass die Sehnsucht und das Heimweh seine Schritte schneller werden ließen.

Sicher saß Mutter mit seinen beiden Schwestern in der Küche beim Tee zusammen. Vielleicht hatte sie sogar Spekulatius und Butterplätzchen gebacken. Weihnachten stand ja vor der Tür. In der Wiege würde sein kleiner Bruder Jens liegen und auf sein Nachtfläschchen warten. Leise und behutsam würde er die Tür öffnen und die Familie mit seinem Kommen überraschen. Wie sehr würde sich Mutter über seine Heimkehr freuen und sich so manche Träne von den Wangen wischen, denn im Frühjahr war das Boot ihres Mannes in der Nähe einer Insel gekentert. In der Tiefe des Meeres hatte er sein Seemannsgrab gefunden. Der Vater hatte seinen kleinen Sohn nie gesehen. Der Gedanke an den so plötzlichen Tod des Vaters trieb Karsten das Nass in die Augen.

Er musste nun einen Priel überqueren und merkte erst jetzt, dass seine Stiefel mit Wasser vollgelaufen waren. Noch konnte er die Hallig in der Ferne sehen, aber die Nebelwand wurde immer dichter. Nur noch eine Dreiviertelstunde, dann hätte er den Heimweg nach Hause geschafft. Die Sehnsucht nach seinen Lieben wurde immer stärker. Sorglos marschierte er in die Richtung weiter, die ihn zu seiner Familie bringen sollte. Aber plötzlich überfiel ihn eine schreckliche Bangigkeit. Die Nebelschwaden hatten sich nun kräftig verdichtet und wurden immer undurchdringlicher. Er rannte in atemloser

Hast über das todeseinsame Watt und verlor dabei sein Ziel aus den Augen. „Weiter, nur weiter!", sprach er sich Mut zu. Auf einmal entdeckte er Fußspuren und war entsetzt, als er sie als seine eigenen ausmachen musste. Nun wurde ihm klar, dass er im Kreis herumgeirrt war.

Ein qualvolles Stöhnen entrang sich seiner Brust. *Nur jetzt nicht schwach werden!* Aber ihm wurde bewusst, dass er die Orientierung im Nebel verloren hatte. Er musste sich schmerzlich eingestehen, dass bald die Flut kommen würde, und das bedeutete für ihn das sichere Ende. Die Angst trieb ihm Schweißperlen auf die Stirn. „Vater im Himmel, erbarm dich meiner!", betete er jetzt, und die Worte kamen ihm nur schluchzend über die Lippen. Nun war das eingetreten, was er hatte befürchten müssen. Die Flut war im Kommen, und nur ein Wunder konnte ihn noch retten. Was eben noch ein kleines Rinnsal zu seinen Füßen war, schwoll immer mehr an. Nebel und Flut hatten sich auf seinem Heimweg in vernichtender Weise zusammengeschlossen.

Um ihn herum stieg das gurgelnde Wasser immer höher. Er keuchte und es blieb ihm die Luft zum Atmen aus. Noch nie war er dem Tod so nahe gekommen. Immer wieder schrie er zu Gott: „Vater unser, der du bist im Himmel!" Die Zeit schien stillzustehen. Karsten wollte um Hilfe rufen, aber die Sinnlosigkeit seines Tuns wurde ihm bewusst. Von allen Seiten umspülte ihn schon das Wasser. Wie in einem Film zog sein kurzes Leben blitzschnell an seinem Geist vorüber. Er wurde noch an das alte Schutzgebet erinnert, das Mutter mit den Kindern immer sprach, wenn eine Sturmflut die Hallig bedrohte, und ihm war zumute, als vernähme er Mutters Stimme:

„In Sturm und Wellenbraus
behüte, Gott, mein Leben
und um mein schwaches Haus
lass deine Engel schweben.
Doch hast du andern Sinn,
naht mir mein jähes Ende,
so nimm mich gnädig hin
in deine Vaterhände. Amen."

Um ihn herum wurde es mit einem Male totenstill. Ein Stück Ewigkeit hatte sich um ihn gebreitet. Ein Lufthauch streifte seine Stirn.

Er, der sich dem Tode so nahe geglaubt und die Augen geschlossen hatte, öffnete noch einmal seine Lider. Wieder umhauchte ihn diesmal ein sanfter Luftzug. Der Nebel löste sich auf. War es wahr oder träumte er? Nur wenige Schritte vor ihm erkannte er das Seezeichen. Neue Lebenskraft entwickelte sich, und ein unbändiges Heimweh nach Hause erwachte in ihm. Voll innerer Bewegung schritt er nun seiner Hallig entgegen. Am Himmel erstrahlten die ersten Sterne über der Nordsee, und in der Ferne sah er das Licht der alten Petroleumlampe in seinem Zuhause aufleuchten.

„Mutter!", öffnete er die Tür, und die Tränen rannen ihm über sein Gesicht.

„Mein guter Junge! Welch ein Glück, dass du gekommen bist. Wie lange habe ich schon auf dich gewartet." Nun konnte Weihnachten gefeiert werden.

Immer wieder Weihnachtsstollen

Wie viele Weihnachtsstollen habe ich in meinem Leben schon geschenkt bekommen?

Der erste Stollen wurde meiner Familie in Römerstadt zugedacht. Nach der Umsiedlung aus Bessarabien waren wir hier gelandet und wären in diesem Lager fast verhungert, so miserabel waren die Essensrationen. Nie hat mir ein Stück Stollen so gut geschmeckt wie Weihnachten im Sudetenland. Schade, dass er so schnell zur Neige ging.

Viele Jahre später war ich als Referentin bei einem Frauenfrühstück in Bayern eingeladen. Wie erstaunt war ich, dass man mir schon wenige Wochen danach einen Stollen schickte. Ich kannte diese Dame nicht, aber sie hatte sich über die Verkündigung des Wortes Gottes und über mein Weihnachtsbuch sehr gefreut. Sie schrieb dazu: „Liebe Frau Bormuth, schreiben Sie nur weiter. Sie sollen Ihre kostbare Zeit nicht mit Backen zubringen. Das kann ich für Sie erledigen. Aber so schöne Bücher auf den Markt bringen ist mir nicht gegeben."

Nach dem Mauerfall in der DDR habe

ich vier Jahre lang in der Adventszeit einen Stollen geschenkt bekommen. In Reudnitz, in der Nähe von Greiz, war das Paket aufgegeben worden. Leider fehlte der Absender. Reudnitz ist durch sein Erholungsheim bekannt. Jedes Jahre fahre ich dorthin und halte eine Freizeit. Ich fragte den Hausvater, ob denn das Weihnachtsgeschenk von ihm käme. „Leider nicht", erklärte er mir.

Ich forschte weiter, erkundigte mich bei einzelnen Teilnehmern, wer denn der großzügige Spender sei. Aber immer ging ich fehl. Jedes Mal, wenn wieder ein Stollen aus Reudnitz kam, steigerte sich natürlich meine Neugier. Erst nach vier Jahren entdeckte ich, wer mir diese herrliche, süße Gabe zukommen ließ. Es war Renate, eine Mitarbeiterin des Freizeitheims, die immer bestens für unser leibliches Wohl sorgte. Herzlich bedankte ich mich bei ihr. Leider hatte der Dank zur Folge, dass das Weihnachtspaket in Zukunft ausblieb. Das Geheimnis war nun gelüftet. Hätte ich lieber nicht nachforschen sollen? Ich musste lachen. Wie viel Liebe und Mühe steckte hinter dieser herrlichen Weihnachtsgabe.

Aber einen Stollen habe ich hernach doch

noch erhalten. Er wurde mir von einem Bäckermeister aus dem Erzgebirge zugeschickt. An diesen großen, kräftigen Mann erinnere ich mich noch sehr gut. Mit seiner Frau nahm er an der Sommerfreizeit in Reudnitz teil, die ich leitete. Mit diesem Stollen aus eigener Backstube wollte er sich für den Segen bedanken, den er durch die Verkündigung des Wortes Gottes erfahren hatte. Ich war sehr überrascht, als das Paket in der Adventszeit bei uns eintraf, und erzählte auch meinen Freunden davon. Plötzlich wollten sie alle Erzgebirgsstollen haben und ich bestellte sie telefonisch. Das erfreute natürlich den Bäckermeister, und so kamen wir in Hessen in den Genuss herrlicher Backkunst. Ein besonderer Erfolg lag darin, dass bei der nächsten Bibelfreizeit auch Teilnehmer aus Hessen anreisten. Die Stollen trugen so auf ihre Weise zur Verbrüderung von Ost und West bei.

Was kommt nach Weihnachten?

Düster sieht es jetzt kurz nach Weihnachten in den Straßen aus. Die Kerzen an den Tannen in den Vorgärten sind abmontiert. Aus den Fenstern grüßt kein Engel mehr, und die hell erleuchteten Schwippbögen sind weggeräumt. Transparente sucht man jetzt vergeblich in den Häusern, und die Lichterketten in den Kaufhäusern sind erloschen. In den Schaufenstern liegen keine Geschenke mehr mit weihnachtlichem Dekor, sondern stapelweise häufen sich Hosen, Jacken und Pullover in den Auslagen. Der Winterschlussverkauf ist jetzt im Anrollen. In großen Lettern liest man: „Alles 30 % billiger." Gestern fuhr ein graues Lastauto an unserem Haus vorbei und kräftige junge Männer warfen mit flottem Schwung die ausgedienten Weihnatsbäume auf den Transporter.

Was ist von all dem Glanz und Glamour an Weihnachten geblieben? Lohnt es sich eigentlich, das Christfest mit großem Aufwand zu gestalten, wenn schon nach wenigen Tagen von dem Lichtglanz in unseren Stuben nichts mehr bleibt? Oft sind die Menschen müde und ausgelaugt vom vielen Feiern. Ich erhalte im ganzen Jahr nicht so viele Anrufe wie gerade in der Nachweihnachtszeit. Die Menschen sind mit vielen Erwartungen in die festliche Zeit gestartet und sind nun enttäuscht, dass alle ihre Hoffnungen im Sande verlaufen sind. Bei Familienfeiern können alte Streitigkeiten wieder aufflammen. Erbgeschichten erhitzen die Gemüter. Die teuren Geschenke finden nicht immer die Anerkennung, die man erwartete. Enttäuschungen über geplatzte Versöhnungsversuche machen sich breit. Angesichts der vollmächtigen Verkündigung an den Festtagen wird auch der Finger auf Schuld und erlittene Verletzungen gelegt.

Mir wurde in diesen Tagen die Botschaft des Jesaja so wichtig: „Tröstet, tröstet mein Volk!" So dringt in unsere Erbärmlichkeit Gottes Ruf. An einigen Beispielen will ich dies deutlich machen.

Eine Frau aus der Lüneburger Heide griff zum Hörer: „Ich fühle mich so elend. Zweimal in meinem jungen Leben habe ich die Ehe gebrochen und dadurch die eigene, aber auch die Ehe meines Liebhabers zerstört. Erst jetzt, da ich alt bin, wird mir meine Sünde bewusst. Kann Gott solch schwere Schuld vergeben?" Ich konnte ihr Mut machen und sagen, „Ja, denn Christus ist unser Heiland und Erlöser. Haben wir nicht an Weihnachten gesungen: Christ der Retter ist da? Dafür ist Jesus geboren, dass er uns von unserer Sünde befreit. Er wurde Mensch, um uns in unseren Schmerzen, Leiden und Versagen zu verstehen und uns zu helfen."

Wie dankbar war auch eine Frau aus Leipzig, dass ich mit ihr für die Heilung ihres Mannes betete. Er leidet an Nierenversagen und muss nun an die Dialyse angeschlossen werden. Diese schwere Erkrankung machte ihr Angst. Wie sollte nun alles werden?

Eine Frau aus dem Allgäu bat mich, sie nicht in meinem Abendgebet zu vergessen. Gerade in dieser Freudenzeit, was ja Weihnachten sein will, wurde ihre Depression besonders unerträglich. Ich versprach ihr, sie in der Fürbitte zu begleiten. Eine Zeit lang habe ich dies auch treu getan. Wie wird es ihr denn jetzt nach einigen Monaten ergehen? In ihrer letzten Nachricht teilte sie mir mit, dass sie sich in eine Klinik einweisen lassen wolle.

Eine Großmutter war an die Grenzen ihrer

Kraft gekommen. Sie wollte ihren Kindern ein besonders schönes Fest bereiten und lud sie ein. Aber hernach fühlte sie sich total überfordert. Der Sohn und auch die Tochter reisten beide mit Zwillingen im Alter von zwei und sechs Jahren an. In dieser Familie sind Zwillingsgeburten keine Seltenheit. Vier Kleinkinder stellten im Nu alles auf den Kopf. Das schön geschmückte Weihachtszimmer geriet schon nach einer halben Stunde in einen chaotischen Zustand. Eines der Kleinen hatte das weiße Tischtuch heruntergerissen und auf dem wertvollen Teppich lagen der Braten, die Klöße und die Soße verteilt. Das Mittagessen verzögerte sich, denn es musste erst einmal tüchtig geputzt werden. Fast der ganze Tag verlief stressig, und erst als die Weihnachtsgäste abgereist waren, kehrte Ruhe ein.

Ein Vater war sehr bekümmert. Er ahnte, dass sich seine Lebenszeit dem Ende zuneigte. Nur ein Wunsch bewegte ihn: Er wollte so gern, dass sein Sohn, die Schwiegertochter und die drei Enkel alle einmal mit ihm in den Himmel kommen. Aber in den Briefen, die er aus Australien erhielt, war kein einziges Wort des Dankes für die christlichen Bücher zu lesen, die er dort hingeschickt hatte. Ja, er gewann sogar den Eindruck, dass sich vor allem die Schwiegertochter gegen jeden Bekehrungsversuch verwahrte. Was sollte er bloß tun?

Ich könnte fortfahren mit diesen Geschichten von Enttäuschungen, Versäumnissen und Schuldeingeständnissen. Hilflos wäre ich solchen Fragen ausgeliefert, wenn Christus nicht für uns Lösungen bereithielte. Er wurde Mensch für uns. Er versteht uns in unserem Elend. Seine Liebe, die uns unsere Sünde verzeiht und Hoffnung weckt, ist unergründlich. Nie müssen wir in der Verzweiflung enden. Weihnachten ist nicht ein zeitlich begrenztes Fest, sondern will mit uns gehen, auch wenn die Christbäume längst auf den Müllhalden gelandet und Kerzen und Baumschmuck in den Kartons verstaut sind. Was zerrissen war, darf wieder heilen, und Frieden will unsere Herzen beglücken. Auch unsere Kinder und Enkel will er zu sich rufen. Wie er dies tut, mag für uns noch ein Geheimnis sein. Aber er hat selbst zugesagt, dass er die Gebete von Eltern und Großeltern erhören will. Für das Jahr 2010 ist uns eine wunderbare Losung zugesagt. Sie gibt

uns Mut und Hoffnung in aller Bedrängnis
„Euer Herz erschrecke nicht! Glaubt an Gott
und glaubt an mich."

Autorenadresse:
Lotte Bormuth
Sperberweg 8a
35043 Marburg
Telefon 06421/41347

Weitere Bücher von Lotte Bormuth

Das Weihnachtstelegramm
ISBN 978-3-86827-106-5
128 Seiten, kartoniert

„Komm zum Weihnachtsabend heim. Der Vater ist krank. Er wartet auf dich."

Kann dieses Weihnachtstelegramm den verlorenen Sohn nach Hause führen, der sich vor über einem Jahrzehnt von seinem Vater abgewandt hat? Es scheint beinah unmöglich, doch Gott kann verstockte Herzen öffnen und zur Versöhnung bereit machen. Durch seine große Barmherzigkeit wird – besonders in der Weihnachtszeit – das Unmögliche möglich.

Die bewegende Erzählung vom Weihnachtstelegramm und viele andere berührende Weihnachtsgeschichten von Lotte Bormuth schreiben uns neu ins Herz, welch ein Reichtum Gottes Liebe für unser Leben ist.

Der verdächtige Nikolaus
ISBN 978-3-86827-030-3
112 Seiten, gebunden

Lotte Bormuth erzählt in ihrem Buch dramatische, lehrreiche und mutmachende Geschichten über und für die Weihnachtszeit. In Anekdoten berichtet sie, wie Weihnachten durch Liebe, Barmherzigkeit und Mitgefühl für jeden zu einem Fest der Freude werden kann. Was auch immer den Menschen widerfährt, Weihnachten ist stets das Fest der Wunder. Ob nun der kleine René Brot an Kriegsgefangene verteilt, Vater und Sohn endlich wieder zueinanderfinden oder ein verdächtiger Nikolaus immer wieder eine bestimmte Familie aufsucht – zur Weihnachtszeit spiegelt sich überall Gottes guter Geist.

**Der Mann, der Weihnachten
verschlafen wollte**
ISBN 978-3-86122-848-6
96 Seiten, kartoniert

Ob man mit dem Weihnachtsfest die fröhlichste
Geschichte feiert, die sich je zugetragen hat, oder
ob man es am liebsten verschlafen möchte – es
gibt keine Lebenslage, in die das Kind von Bethlehem nicht Licht bringen könnte.
So hat es der Bischof im Gestapogefängnis erlebt,
so klingt es in den Liedern, so leuchtet es in den
Herzen der Kinder. Ob harte Realität oder süße
Erinnerung – Lotte Bormuth hat nach dem Re-
zept „Apfel, Nuss und Mandelkern" eine bunte
Mischung unterschiedlichster Erlebnisse zusam-
mengetragen, die vom strahlenden Glanz und
vom stillen Trost des Festes erzählen. Hier ist
feinstes Weihnachtsgebäck für die Seele: 18 le-
bensverändernde Geschichten!

Segensströme im Alltagsgrau
ISBN 978-3-86827-277-2
144 Seiten, gebunden

Man muss nicht unbedingt ein Heiliger sein –
auch ganz normale Menschen wie du und ich
können Gottes Segen verbreiten in dieser Welt.
Diese »Strategie« Gottes weist Lotte Bormuth nun
schon seit vielen Jahren in den authentischen Geschichten ihrer Bücher nach. Sie weiß, es lohnt
sich, von Fall zu Fall genauer hinzusehen und
Gottes goldene Segensströme im grauen Einerlei
unseres Alltags aufzuspüren. Das macht unter an-
derem zufrieden, dankbar und glücklich.
Auch ihre neuen Erlebnisse und Berichte sind
wertvolle »Sehhilfen«.